公共管理视角下的高职教育研究：

理论与实践

李　妮◎著

Research on Higher Vocational Education from
the Perspective of Public Management:
Theory and Practice

经济管理出版社
ECONOMY & MANAGEMENT PUBLISHING HOUSE

图书在版编目（CIP）数据

公共管理视角下的高职教育研究：理论与实践／李妮著. —北京：经济管理出版社，2021.6
ISBN 978-7-5096-8013-1

Ⅰ．①公…　Ⅱ．①李…　Ⅲ．高等职业教育—学校管理—研究—中国
Ⅳ．①G718.5

中国版本图书馆 CIP 数据核字（2021）第 100320 号

组稿编辑：丁慧敏
责任编辑：丁慧敏　张广花　杜羽茜
责任印制：黄章平
责任校对：董杉珊

出版发行：经济管理出版社
　　　　　（北京市海淀区北蜂窝 8 号中雅大厦 A 座 11 层　100038）
网　　址：www.E-mp.com.cn
电　　话：(010) 51915602
印　　刷：唐山玺诚印务有限公司
经　　销：新华书店
开　　本：710mm×1000mm /16
印　　张：11.5
字　　数：175 千字
版　　次：2021 年 7 月第 1 版　　2021 年 7 月第 1 次印刷
书　　号：ISBN 978-7-5096-8013-1
定　　价：68.00 元

前　言

　　职业教育既是服务国家战略目标与产业发展的重要支撑，也是观察与解读国家教育治理体系的重要领域。2014 年，国务院印发《关于加快发展现代职业教育的决定》，职业教育发展迈入"快车道"，对职业教育的研究也日益深入，百家齐放。从奠基、规模发展到内涵探索、质量追求，职业教育在应对不同时期的关键问题方面走过了 70 年的发展历程，而提供"好的（教育）治理"与生产"好的（教育）产品"始终是职业教育实践的两个核心问题。

　　源于工作实践的真切感知和博士阶段公共管理学科的专业训练，我本能地将政府行为研究的理论框架、分析概念应用到职业教育的治理研究中。毕竟，职业教育本质上是准公共产品，是服务和支撑区域经济发展的教育产品，"如何提供'好的职业教育产品'"是公共管理领域的研究议题。出于研究领域、研究可行性，我选择了在这一阶段主要用公共管理理念解读职业教育治理的研究路径。实际上，这种研究取向也并非特例。在对近年来职业教育研究文献进行梳理后发现，"协同治理""多元治理""项目治国""文件治国""运动式治理"等公共管理领域耳熟能详的理论、分析概念在职业教育研究领域频频出现。这也坚定了我对这一阶段的研究取向。尤其是用这样的思路申报 2018 年教育部人文社会科学研究青年基金项目并获得立项后，我更加肯定了这一选择。

　　不得不说，具有公共管理学背景的研究者都有一份对善政良治的学术关怀和社会关怀。大到国家治理、小到具体的职业院校内部治理，讲好每一个治理故事都是为中国特色的国家治理提供注解。那么，如何用公共管理理念讲好职业教育的故事呢？

就研究的类型而言，理论上规范研究可以就协同治理、多中心治理等理念进行理论范式、分析概念上的思辨比较，讨论其在职业教育治理领域的适用性；实证研究层面，可以就教育行政部门或具体院校的治理实践讨论其内部运作，进而解释其行为产生的因果机制，或者构建基于职业教育治理实践的理念框架。也就是说，这里所指的职业教育治理，既包括国家治理框架中的教育行政，也包括具体的职业院校内部管理和建设。

马奇和西蒙认为，个体组织作为社会学研究单位的重要性堪比个别生物体对生物学研究的重要性。汤普森也在《行动中的组织》一文中提到，从大学群体到官僚组织、从教派到立法主体，那些不同的组织形式都可以看作是为了解决一系列的决策和合作问题的人类创造物。组织成为基本的观察单位，无论是中观层面的职业教育治理主体之间的合作行为，还是微观层面的院校建设行为，观察和解读组织现象成为探寻职业教育治理机制的切入点。伯纳德和塞尔兹尼克指出组织不仅是更广泛社会趋势的"指示器"，还是独特的社会系统，即集体行动者。组织如何行动成为研究的重点。沿袭博士期间政府行为的研究路径，本书研究侧重解释真实的治理行为背后的行为逻辑。全书也以组织为单位，从组织合作的理论、组织结构、组织间关系、组织角色到组织运作逻辑及行动策略，连接起这几年我对这一领域的思考。

尽管认识到了观察组织现象的重要性，也以基于中国的职业教育实践构建中层或微型理论为学术目标和价值依归，但本书显然未达到此目标。实践部分多是粗浅的案例描述，或是简单的经验总结，抑或借用公共管理的理论解读职业教育领域发生的故事。成文内容多基于这几年的课题成果，各小节相对独立，但篇章安排上则从理论到实践集合同类议题，大的范畴上仍属于同一脉络体系。总之，一以贯之的是对职业教育组织现象的关注，在梳理过程中呈现教育治理实践中的不同方面，希望在不断的阶段性总结与反思中使这条跨学科的研究路径日益清晰和扎实。

李　妮

2021 年 2 月 20 日

目　录

| 第一篇 |

如何理解职业教育治理：理论及竞争性范式

协同治理：一种基于协作的治理机制与理论框架 ……………… 003
城市如何应对"邪恶问题"：协作性公共管理的产生及特征 …… 017
构建多层级治理框架下的粤港澳大湾区职业教育合作体系 ……… 028
粤港澳大湾区职业教育合作体系的"圈层结构"及其治理 ……… 042

| 第二篇 |

教育主体间的合作：关系与角色

跨域的校际合作何以可能：基于资源依赖的视角 ……………… 059
高职协同育人的战略性伙伴关系构建：一个校企合作项目的
实践 ……………………………………………………………… 075
终身教育服务供给中的跨界合作——论地方电大的"链接者"
角色 ……………………………………………………………… 086
高职教育与社区教育协同发展的案例：问题与构想 …………… 099

| 第三篇 |

职业院校的内部治理：运作逻辑及其效应

后发理论视阈下优质高职院校建设路径研究 ·················· 111

高职院校建设中的试点二级学院改革：目标定位与实施路径 ······ 122

"项目治教"下的高职院校建设之一：行动策略 ·················· 131

"项目治教"下的高职院校建设之二：运作逻辑 ·················· 146

"项目治教"下的高职院校建设之三：非预期效应 ·················· 161

后 记 ·· 174

| 第一篇 |

如何理解职业教育治理：理论及竞争性范式

✳ 协同治理：一种基于协作的治理机制与理论框架
✳ 城市如何应对"邪恶问题"：协作性公共管理的产生及特征
✳ 构建多层级治理框架下的粤港澳大湾区职业教育合作体系
✳ 粤港澳大湾区职业教育合作体系的"圈层结构"及其治理

协同治理：一种基于协作的
治理机制与理论框架①

内容提要　伴随全球化、数字革命和国际经济市场的发展，协同治理作为一个宽泛的术语，为我们带来了政府治理的全新视角。尽管其作为一个理论框架开始流行，但还没有达成概念定义上的高度共识，同时一些竞争性理论框架及类似的术语模糊了研究者的视线。下文就协同治理及其竞争性范式进行比较，梳理了协同治理这一新兴范式的理论脉络，指出协同治理作为一个"类"的概念，比协作性公共管理更具普遍意义，更适于广泛使用。网络管理、政府间合作及跨组织间协作是协同治理过程中的组成部分。

每一个学科和分支学科都要应对持久的理论、经验、方法和概念上的挑战，公共行政学亦是如此。在不断变换的时代背景下，在充满冲突甚至对抗的价值理念引导下，公共行政学经历着范式的演进与转换。20世纪90年代末，这个领域出现了一股引人注目的改革思潮，如新公共管理（New Public Management，NPM）、网络管理、协作性公共管理等，这些术语的流行既体现在许多国家公共行政改革运动的实践上，又频频出现在学界对于新的理念范式的探讨与反思中，集体的或合作性的决策制定为政策制定者与公共管理者所关注。与此同时，协同治理（Collaborative Governance）作为一个理论框架开始流

① 本节主要内容曾以"'协同治理'的产生与范式竞争综述"为题发表于《云南行政学院学报》2015年第3期。

行。"在过去的几十年里，一种新形式的治理已经出现在政策制定和执行领域，以取代对抗性和管理主义的模式"。[1] 然而，这一理论模式还没有达成概念定义上的高度共识，一些竞争性理论及类似术语混淆与模糊了研究者的视线，造成了理解上的困难与运用时的混乱，而这并不利于这一领域的持续发展。

本节首先呈现了协同治理兴起的时代背景，然后厘清类似术语以获得一个初步的概念边界，继而对一组竞争性范式进行了详细阐述。结合中西方学者的研究文献，梳理了研究现状，并提出协同治理研究的局限性及有待进一步探讨的议题。本文的主要目的不在于判断该领域的发展是否足够，而是致力于使这一理论框架在其学术脉络当中的位置得到更为清晰的界定，使其在概念术语、内在要素及研究取向上得到更为充分的剖析与呈现，以期促进这个领域内相关研究之间的理解、沟通与对话。

一、协同治理的产生背景

后新公共管理时期，反思新公共管理的各种前沿理论相继推出：网络治理、协作性公共管理、协同治理等都是这个网络化、跨边界、伙伴关系风行时代的产物。

21 世纪的世界，面临着从恐怖主义、国际贸易到气候变化、疾病传染，环境污染等一系列复杂问题，一旦处理不当，就会损失惨重。"要解决这些深刻的涉及环境污染、失败的公共教育及增强弱势群体的社区等社会问题，需要各国政府，私营部门和非营利部门，社区领袖和其他许多不同的行动者之间有效的合作与资源分配机制"。[2] 面对"邪恶"（Wicked）的问题（复杂的问题），更大范围跨机构、跨辖区的联合行动不可或缺。俞可平认为，全球化既是一种客观事实，也是一种发展趋势，无论承认与否，它都无情地影响着世界历史的进程，无疑也影响着中国的历史进程[3]。因此，如何创造出适应全球化新现实的有效治理模式，决定着全球化的前途与命运[4]。约瑟夫·S. 奈等认为，全球化背景下的公共行政，需要一套提高协调性、创造疏导政治和社会压力的安全阀的治理机制，这样的治理机制包括政府，也包括私人部门和第三部门的共同参与。这也是有效应对全球化进程中跨国家、跨区域问题的必然选择。

而新公共管理带来的机构裂化、公共服务碎片化的问题，加速了以协作为特点的协同治理的讨论。McGuire 认为社会变革是新公共管理的决定因素之一。通过私有化来规制经济活动以促进公共服务及管理的效率和效益，私营机构及半自治机构带来了非层级与分权化的网络、团队等组织设计，更灵活、更创新的管理和领导工具，结果导向的和自我领导的训练[5]。这种变革以权力分散化为特点，要求更多的自主权与个性化[6]。然而，Rhodes 认为 NPM 实际上是脆弱的，它的缺陷在于核心过程中"竞争"与"掌舵"之间的分歧。NPM 关注层级控制，强调权威与责任分配，热衷于目标和结果导向的管理。这些特点与跨组织网络中所有利益相关者都对结果负责的实质相悖。"NPM 可能适合官僚制的管理却不适合跨组织网络的管理，更重要的是这样的跨组织网络将破坏 NPM 组织内目标与结果导向的管理"[7]。随着 NPM 改革进程的深入，国家越来越依赖以非直接行政的方式进行治理，以更多的公私、第三部门组织的协调，由包括公民在内的多元主体而非单一的政府机构制定公共政策。

与此同时，国家行政系统面临巨大的政治压力。Kettle 在讨论美国行政边界时谈到，为了更好地回应公民的需求，美国一些州政府，如华盛顿州、佐治亚州和路易斯安那州，开展了"No Wrong Door"运动[8]，即无论公民走进哪间政府部门的办公室，都不会被告知找错部门或程序申请错误，而是以实现政府服务功能的整合来满足公民需求。"No Wrong Door"运动试图使公民与政府之间的互动实现无缝化的连接，这无疑需要部门之间的协调与协作。中国政府提出的构建服务型、回应型政府的要求，同样需要依靠职能部门之间的协同合作，回应公民需求。

以上挑战使对公共行政体系责任与能力的要求日益复杂，公共行政学者纷纷从"跨机构、跨区域、跨部门、多层次"的"合作、参与"取向建构、重构政府治理理论与治理结构。就地方行政实践改革的经验而言，合并地方政府和扩大其规模（建立超级部门）、过多地寄希望于组织结构的变革，并不是解决公共事务问题的最佳办法。而协同治理（Collaborative Governance）这样一种基于协作的治理机制与理论框架，正是对这些挑战的回应。

二、协同治理：竞争性范式比较

与协同治理类似的一组概念，存在多个术语，意涵重叠，难以区分。[9] 例如，协调（Coordination）、合作（Cooperation）、联合（Coalition）、协作（Collaboration）、网络结构（Network Structures）、协作性公共管理（Collaborative Public Management）、公民参与（Civic Engagement）、同盟（Alliances）、伙伴关系（Partnership）等。这些概念界限模糊，缺乏明确一致且取得共识的操作性定义，以致成为公共行政学者随机使用的"战略"选项或"结构"选项。协同治理类似术语之间的互换使用以及缺少跨学科的对话，造成了概念上的混乱。我们知道，"理论化可以包括这样几个层级：简单的分类、构建类型学、概念化、形成概念框架、模型化"[10]。显然概念上的混乱无助于理论化进程，有必要对其进行梳理与界定。

关于"协作"，在西方语境中通常会提到"社团主义"的利益团体及其关系，社团主义（Corporatism）表现为国家青睐涉及三方（工会、雇主团体、政府），并以三方作为"社会伙伴"进行谈判和管理的一种经济合作。施密特认为，这些"社团"即利益团体通常来说是垄断的，代表特别团体的利益。而协同治理，则往往意味着包含更为广泛的利益相关者，并且这些利益相关者并不具备对特定部门的代表性垄断。如果说社团主义是较狭义的界定，那么协同治理就是更为广泛的术语。而协会（联合）治理（Associational Governance）与协同治理的区别在于前者通用于协会理事的模式，而协同治理甚至可能不包括正式的协会。

协同治理通常依靠网络化组织来实现，政策网络（Policy Networks）与协同治理各自的重点在于：政策网络是用来描述国家与社会合作的更多元化的形式，而政策网络是一种在网络中进行的行动者之间的讨论或决策的合作模式。然而，协同治理是指将各种利益相关者纳入多边和达成共识的决策过程的一种明确和正式的战略。与此相反，政策网络中内在的合作可能是非正式且隐秘的。

时下流行的公私伙伴关系（PPP）与协同治理有时指涉相同的现象。不过PPP通常要求具有协作的功能，但其目标往往是达成协调，而不是达成决策共识本身，达成决策共识则正是协同治理的关键。以上概念的辨析是我们理解协同治理理论范式的基础，下面对几组竞争性范式进行比较分析。

（一）网络治理与协同治理/协作性公共管理

公共行政学本身就是在范式的分裂与竞争中丰富与发展起来的。在"治理"成为流行词汇的20世纪90年代，同样也活跃着一些竞争性理论范式。网络治理最先缘起于20世纪70年代西方有关公司治理的跨组织网络研究。琼·皮埃尔和盖伊·彼得斯把它看作是与科层体制、市场及社群并存的一种治理结构或过程（政策网络），而斯蒂芬·戈登史密斯和威廉·D.伊格斯则把网络治理看作是与一种特定的政府类型关联在一起的[11]。许多有关网络治理的实证研究基于斯蒂芬·戈德史密斯的分析框架。

斯蒂芬·戈德史密斯根据"公私合作程度"和"网络管理能力"两个维度，划分了四种政府管理状态。"层级制政府"属于传统的官僚制政府形态，"鸽笼化"管理色彩比较浓厚，靠层级制权威进行协调，因而效果不佳。"第三方政府"意味着公私合作程度高，但政府对公私合作网络的管理能力低下。"协同政府"的网络管理能力强，因而能实现有效的跨界合作，但这种合作仅限于政府不同部门之间。"网络化治理"既包含高程度的公私合作，又意味着政府对公私合作网络的管理能力强。戈氏认为，"网络化治理"是跨界合作的最高境界，在网络化治理模式中，必须按照传统的自上而下的层级结构建立纵向的权力线，根据新兴的各种网络建立起横向的行动线，绘制出脱离传统政府及期运行理论的新模式，构筑起一个帮助政府增强绩效及其责任性的基础[12]。

网络的重要性不言而喻。网络是社会协调的普遍形式，管理组织间联系的重要性与私营部门管理同样重要。网络途径认为，行动者之间相互依赖，如果没有其他行动者所拥有的资源，他们不能达到自己的目标[13]。网络是一个结构，合作的过程在这个作为非正式的社会系统的协调设置中进行。Fountain 强调了新制度主义与网络视角对研究者的重要性，因为网络视角提供了丰富的描述性能力和精确的宏观与微观之间组织过程的研究方法。在组织间层级，网络分析展示了组织的战略性操作，寻找、形成以及脱离联盟。Fountain 认为，有效的公共管理者如果没有理解内外部网络结构的可持续性和灵活性，就不能进行有效的管理。

实际上，网络管理提供了找到协作性管理模式的机会[14]。考虑和包含（网络）互动过程中的外部效应是非常重要的，如开放、细心、可靠性和合法性。而这些标准与协同治理过程要求的透明度和责任制的主要原则是一致的。可以说，网络化治理既是协同治理与协作性公共管理的理论基础，又是协同治理的研究内容。协作可以成为网络的一个特征、可以存在于网络之外，也可以延伸到网络之间的协作关系。不过，由于这两个术语经常交替使用，容易产生不正确的印象，即认为所有的网络都存在协作且所有的协作都在网络中发生。

（二）协作性公共管理与协同治理[15]

协作性公共管理（Collabrative Public Management）是由美国学者罗伯特·阿格拉诺夫、迈克尔·麦圭尔在对城市地方政府的实证研究中提出来的，是公共管理者在组织网络时代应对跨界（不仅包括联邦政府—州政府、州政府—地方政府以及地方政府之间的关系，还包括政府与准政府之间的关系）相互依赖挑战的管理活动和新战略。各个城市实现战略目标的协作机制是丰富的，协作性管理的程度和目的因城市而异，协作活动的独特机制、层次和目的，体现出协作活动的多种类型和模式。在对多种协作活动模式的研究中，协作性公共管理正是试图"形成的一个关于公共管理的新的理性和实证的研究方法"[16]。它描述了在多组织安排中的促进和运行过程，以解决单个组织不能解决或者不易解决的问题。协作意味着基于互惠的价值，协同工作，跨越多部门关系边界，达到共同目标。

协同治理与协作性公共管理的最大不同在于治理与管理的区别。信息和通信技术的发展，全球公共政策和分权化进程的加剧，改变了21世纪治理的面孔。Bingham 指出，参与治理是公民参与政府决策的行动。治理意味着引导、控制影响决策的过程以及在私人、公共和公民部门内的行动[17]。协同治理就是这么一种治理安排，一个或多个公共机构直接与非政府的利益相关者一同参与政策制定过程，这个过程是正式的、审慎的，以共识为导向，并旨在制定或执行公共政策或是管理公共项目或公共资产[18]。从概念来看，协作性公共管理是问题导向的管理模型，而协同治理则是以达成共识为目的的治理安排。

首先，两者内涵不同。许多学者认为，协同治理是一个较协作性公共管理更宽泛更具包容性的术语。其一，协作性公共管理关注点在地方；其二，注重组织层次及组织间相互依赖的研究[19]。相对于关注地方层级的协作性公共管理，协同治理关注国家之间的关系，超越了国家边界。其次，就产生原因而言，两者也不尽相同。许多学者认为协同治理是全球化进程与技术发展的结果。越来越多的跨国公司带来的责任问题引发了公司治理的讨论。而协作性公共管理产生于人类福利与个人特质的兴起。最后，从发展进程看，两者可以区分先后。Halachmi 指出，协作性公共管理到协同治理是从"动词的治理"（Governing）到"名词的治理"（Governance）的转换过程。所以，协同治理是协作性公共管理的下一步（Next Step）[20]。而协作性公共管理用于解释政府组织间的协调，协作存在于跨越司法辖区和部门边界的组织之间，存在于私人组织与邻里协会之间。因此，协作性公共管理可以被认为是强调外部关系与组织环境的新公共管理的下一步。

总之，从工具理性角度来讲，协作性公共管理和协同治理享有共同的过程价值，比如透明性、问责性和信任，协作性公共管理是协同治理在操作层面上的延伸。协作性公共管理更加关注地方层次上的议题，而协同治理更加关注国家层次和国际层次上的议题；协作性公共管理更多关注组织层面上的组织相互依赖性，强调运作层面上的过程管理、政策工具的选择，而协同治理更强调公民参与和多中心治理主体；协作性公共管理中公共组织是跨组织协作网络的中心，而协同治理中的政府组织已经越来越失去其优势地位，仅是网络中相互依赖的行动者之一，与其他参与者的地位差别越来越小[21]。"治理"（Governance）本质上是一个描述国家与社会关系的政治理论，具有社会治理的意涵。概念的宽泛使得协作性公共管理的内容可以容纳于协同治理之中，并可作为检验其治理过程的一部分。

伴随全球化、数字革命和国际经济市场的发展，协同治理作为一个宽泛的术语，为我们带来了政府治理的全新视角。当然，由于路径依赖，每个国家的治理过程不尽相同，而协同治理作为一个"类"的概念，比协作性公共管理更具普遍意义，更适于广泛使用。网络管理、政府间合作及跨组织间协作都是整个协同治理过程的组成部分。因此，本文选择"协同治理"进行探讨，更为倾向于使用"治理"而非"管理"。

三、协同治理的研究现状

协同治理的研究还处于低程度的共识阶段，研究与实践都比较分散。因此，下文关于协同治理的研究现状梳理，将视协同治理为一个更具包容性的术语，纳入相关议题的研究。其中，在协作性公共管理部分，大多数研究还处于西方理论的初步引介阶段。秦长江、刘亚平等就协作性公共管理的兴起、协作性公共管理的理论基础及国外研究的大致情况进行了介绍，并认为这些新的理论趋势是对新公共管理范式的反思与批判。不过分析的脉络有所不同，或从政府治理的角度，或从组织发展的角度，还有的从理论来源角度进行阐述。此外，有少量国外协作经验的介绍，如美国国家海洋政策协同框架，美国的区域协作性公共管理机制——州际协议等，主要以美国做比较和借鉴对象。

作为协同治理方式的网络治理研究颇多。研究主要涉及以下三个领域：一是公司治理，这些研究运用网络治理的框架探讨网络治理的优劣及其与组织效率和效益的关系。聚焦于企业组织网络的主体特征、网络关系的治理结构和协调机制，而政府往往作为其中的一个治理主体在对策建议中被提到。二是较为宏观的社会学维度的讨论，侧重于以网络为组织结构对其要素和功能进行分析。文献多集中于社会资本与公共资源网络治理；权力关系、网络行为者与网络治理；知识产权网络关系治理研究；网络治理的模式、结构、因素与有效性等传统的社会学结构、功能描述。不过，这些对网络要素的讨论为协同治理的组织基础提供了研究素材与认知途径。三是新兴的传播学角度的讨论，关注即时网络时代的传播机制与网络治理，即如何管理互联网。这里的网络治理与我们的研究关系不大，也说明"网络治理"一词的用法极为模糊和宽泛。综上，网络治理的研究偏重于私人部门，缺少以公共部门为主体的探讨。社会学路径的探讨尤为宏大，缺少具体的网络治理机制或操作模式的探讨。

当然，也有一些研究试图弥补这一缺憾，少量研究通过具体的案例，从政府职能、公共服务主体、政府协同及公民参与的角度分析地方政府公共服务与社会管理的现状及其局限，勾勒出一些具体的合作模式，并提出针对性对策。这类研究主要涉及农村公共服务多元主体的合作研究；城市治理中的基层治理、社区治理问题；公共服务供给模式；区域治理及公共危机治理等内容。不过，这些研究注重对策探讨，缺乏理论分析框架，仅是取协作与多主体参与的观点充实对策建议。可以说，相关文献对协作议题的讨论，缺少理论对话，即使同一学科领域的探讨，也没有形成较具体的共识概念和分析框架。总体而言，中国语境下的协同治理研究仅仅处于起步阶段。

而西方国家协同治理方面的研究已经较为深入与具体，并发展到操作性层面，强调通过实证研究提出解释变量并检验变量之间的相关关系。Ansell 等对西方协作治理文献做了一个整体回顾，通过 137 个协同治理的案例分析，确定了一组影响协作治理模式是否产生成功协作的关键变量。这些变量包括历史冲突与合作、利益相关者参与的激励机制、权力和资源的不平衡、领导力、制度设计。同时，还确定了一系列合作过程本身的要素，这些要素包括面对面的对话、建立信任、承诺的发展和共同理解。研究者发现，当协作论坛专注于"小赢"时，深度信任、承诺、共享理解将有助于发展一个良性的协作循环。研究者还发现，整体而言协同治理针对自然资源管理的案例研究比例很高，反映出协作战略对有争议的地方资源的纠纷解决具有重要意义[22]。当然，西方国家对协同治理的研究同样也存在很多局限性。如这一领域的研究仅仅评估"过程的结果"，而不是"政策或管理的结果"；对具体变量的提炼与验证研究较少；缺乏系统性研究，如影响绩效伙伴关系协定等协同治理的程度。值得注意的主要有以下三个方面：其一，研究方法的片断化（Piece-meal Approach），与其他路径相隔离，缺少整合与学科对话。其二，没有取得高度共识的变量及测量，如没有单一的或一组有效、可靠、可识别的措施去分析和比较不同的合作，评价如何培养和保持有效的合作等。许多文献聚焦于具体的领域，没有上升到类型化的高度。其三，研究滞后于全球化语境，没有很好地回答如何应对跨国界、跨区域网络出现后的公共管理问题[23]。中国语境下的协同治理研究，一方面需要借鉴西方较为成熟的研究方法与研究结论，另一方面要结合本土实践，思考该理论的适用性问题，发展出对中国情境更具解释力的分析框架。

四、协同治理：挑战与未来

协同治理的讨论已然兴起，理论与实践都有待进一步探索，尤其需要关注协同治理实际存在的几组内在矛盾：行动者的自主性和相互依赖之间的矛盾；任务网络中的成员个体与组织目标的冲突；共享责任下的问责问题；协调与效率的关系等。不过，"尽管协同治理中，传统代议制的责任性在降低，但是强大的公民参与，使得治理过程更为有效，并提升了治理的有效性"[24]。如何调和矛盾，处理好这些竞争性关系，是协同治理的优势得以实现的基础。

对公共管理者而言，面对协同治理的环境，需要构建新的管理能力。作为公共权力的行使者，公共管理者是天然的网络代理人，需要培养与层级、市场制度中不同的管理技能，如连接、协商、谈判、激发与促进等。关键行为者承担着作为个体与组织的边界联系人角色，因此，拥有特殊资源与有影响力的人或组织（关键行为者——公共组织/公共管理者）对组织具有重大影响[25]。如何运用资源，发挥有效的影响，公共管理者的能力构建是关键所在。

协同治理还需要跨越理论与实践之间的鸿沟。在西方语境下，协同治理就缺乏理论与实践的联系。在中国，由于完全不同于西方国家的治理条件与治理目标，协同治理在经验世界的实现有其独特性，也存在更大的障碍。

　　需要补充的是，对协同治理的强调与讨论，并没有否认官僚制的存在。官僚体制不但存在，而且仍然是管理的主要形态，协作仅仅只是单一组织管理的补充而不是超越。特别是在没有深厚自治传统的中国，政府仍然是最重要的公共事务的治理主体。协同，在我们的领域引发了许多的共鸣，无论是协作性公共管理关注公共机构与管理者的实质内容，还是协同治理关注的共享决策，最终都需要到真实的公共行政世界中实践，以实现"善治"的目的。虽然过程并不简单，但从其他国家获得经验，有助于规避一些可能的冲突并发展出更符合中国实践的协同治理的实现路径。

　　中国六届地方政府创新奖的数据显示，139 个地方政府创新奖入围项目中，与国家和社会的协同治理相关的项目高达 92 项，占全部入围项目的 66%以上①。也就是说，国家与社会的协同治理在地方政府创新中占有相当大的比例。实践的兴起需要理论的指引，如果协同治理的安排对于集体行动问题的解决是有价值的，那么理解与制度持久性相关的要素和理论框架对于这一领域的学者来说就是必要的，对协同治理的讨论，目的在于推进这一领域持续的反思与创新，进一步地质疑和促进理论化的进程。当然，"西方学界的既有概念框架，不能简单替代学者对社会属性和演变过程的分析定义。因此，将中国社会置于全球背景下，持续对社会事实作出甄别，同时在与国际学术界有效对话的基础上对既有概念理论不断反思，这些应该成为立足本土社会研究的学者的重要工作"[26]。对于这一新的理论框架——协同治理，同样如此。

参考文献

[1] [18] [22] Ansell C., Gash A. Collaborative Governance in Theory and Practice [J]. Journal of Public Administration Research and

---

① 何增科. 国家和社会的协同治理——以地方政府创新为视角 [J]. 经济社会体制比较，2013 (5)：109-116.

Theory，2007，18（4）：543-571.

　　［2］Henton D.，Melville J.，Amsler T.，et al. Collaborative Governance：A Guide for Grantmakers［M］. Menlo Park，CA：William and Flora Hewlett Foundation，2005.

　　［3］俞可平. 全球化：全球治理［M］. 北京：社会科学文献出版社，2003.

　　［4］约瑟夫·S. 奈，约翰·唐纳胡. 全球化世界的治理［M］. 王勇等，译. 北京：世界知识出版社，2003.

　　［5］Eliassen K. A.，Sitter N. I. Understanding Public Management ［M］. London：Sage，2008.

　　［6］McGuire M. Collaborative Public Management：Assessing What We Know and How We Know It［J］. Public Administration Review，2006 （S1）：33-42.

　　［7］Rhodes R. A. E. The New Governance：Governing without Government［J］. Political Studies，1996（XLIV）：625-667.

　　［8］Kettl D. F. Managing Boundaries in American Administration：The Collaboration Imperative［J］. Public Administration Review，2006，66 （s1）：10-19.

　　［9］Huxham C. Theorizing Collaboration Practice［J］. Public Management Review，2003，5（3）：401-423.

　　［10］马骏. 中国公共行政学研究的反思：面对问题的勇气［J］. 中山大学学报（社会科学版），2006（3）：78-81.

　　［11］张康之，程倩. 网络治理理论及其实践［J］. 新视野，2010 （6）：36-39.

　　［12］［16］斯蒂芬·戈德史密斯，威廉·D. 埃格斯. 网络化治理：公共部门的新形态［M］. 孙迎春，译. 北京：北京大学出版社，2008.

　　［13］Klijn E. H.，Koppenjan J. F. M. Public Management and Policy Network：Foundations of a Network Approach to Governance［J］. Public Management，2000，2（2）：135-158.

［14］Fountain J. E. Comment：Disciplining Public Management Research［J］. Journal of Policy Analysis and Management，1994，13 （2）：269-277.

［15］Kapucu N.，Yuldashev F.，Bakiev E. Collaborative Public Management and Collaborative Governance：Conceptual Similarities and Differences［J］. European Journal of Economic and Political Studies，2009，2（1）：39-60.

［17］Bingham L. B. Legal Frameworks for Governance and Public Management［M］//Bingham L. B.，O'Leary R. Big Ideas in Collaborative Public Management. New York：ME Sharpe，2008.

［19］Agranoff R.，McGuire M. Collaborative Public Management：New Strategies for Local Governments［M］. Washington D. C.：Georgetown University Press，2003.

［20］Halachmi A. Governance and Risk Management：Challenges and Public Productivity［J］. International Journal of Public Sector Management，2005，18（4）：300-317.

［21］Bovaird T.，Loffler E. Public Management and Governance［M］. London：Routledge，2003.

［23］Bowornwathana B. Minnowbrook Ⅳ in 2028：From American Minnowbrook to Global Minnowbrook［J］. Public Administration Review，2010，70（S1）：64-68.

［24］Klijn E. H. Governance and Governance Networks in Europe：An Assessment of Ten Years of Research on the Theme［J］. Public Management Review，2008，10（4）：505-525.

［25］Brass D. J.，Galaskiewicz J.，Greve H. R.，et al. Taking Stock of Networks and Organizations：A Multilevel Perspective［J］. Public Administration Review，2011，47（6）：795-817.

［26］陈映芳.“转型”、“发展”与“现代化”：现实判断与理论反思［J］. 南京社会科学，2012（7）：51-58.

城市如何应对 "邪恶问题"：
协作性公共管理的产生及特征^①

内容提要 城市行政环境在 21 世纪发生了巨大的改变，为应对城市问题，协作性公共管理在后新公共管理时期出现并兴起。协作性公共管理是政府间关系研究的拓展，网络管理是协作性公共管理的重要类别，协作性公共管理是现代城市管理的最新注脚。协作性公共管理正式提出一种解释、指导跨部门、跨组织、跨边界的管理活动的理论框架，它重视以经验事实为基础的协作的程度与类型的实证研究，同时也是理解网络时代公共管理的战略框架。

根据各地统计局数据，2019 年末，我国常住人口城镇化率突破 60%，上海常住人口城镇化率高达 88%。随着城市化进程的加剧，不仅城市人口激增，诸如城市用地紧张、能源与基础服务设施供应不足、交通堵塞、生态环境恶化、传染性疾病等关乎人们生存状况的社会公共问题也越来越多。城市政府单一的职能机构已经无力应对日益严重的城市问题，"如何建立健全部门间协作管理的机制，整合公共管理的机构、流程与资源，提高公共管理的运作绩效，用最经济、最有效的方式为公众和整个社会或社会局部创造公共价值，是当今世界各国政府管理面临的一个重要课题"^②，也是众多城市管理学者热议的

---

① 本节主要内容曾以 "'协作性公共管理'：范式比较与概念解析" 为题发表于《山东行政学院学报》2015 年第 3 期。

② 吕志奎，孟庆国. 公共管理转型：协作性公共管理的兴起 [J]. 学术研究，2010（12）：31-37.

研究课题。政府部门构建治理网络，依靠协作进行城市管理，已经在那些怀有强烈现实关怀的城市管理学者与急于应对现实问题的城市管理实践者之间达成共识。

不仅是中国，全世界的城市行政环境在 21 世纪都发生了巨大的改变。城市管理者要解决的问题越来越多地属于 Rittel 和 Webber 所谓的"邪恶问题"，当城市问题具有"邪恶"① 特征时，J. O' Toole Jr L. 认为，"这个挑战不能通过把它们（城市问题）分割成简单的相互隔离的部分来解决，矩阵组织、灵活的工作团体以及跨部门协作委员会必定是更适合的处理办法"②；Kettl 也提出，21 世纪的复杂问题已经破坏了（行政组织部门）边界的基础，依靠划分新边界（构建新的部门）早已不能解决这样的问题，公共行政需要新的、跨边界的沟通战略——"合作"势在必行。协作性公共管理正是城市在面临诸多依靠传统管理方式无法解决的问题的背景下，"形成的一个关于公共管理的新的理性与实证的研究方法"③。

一、协作性公共管理：理论脉系

公共行政学自诞生之日起，就经历了一系列范式竞争。20 世纪 90 年代，新公共管理运动推动的公共行政改革席卷全球。尽管各国的改革实践不尽相同，但私有化、公私合作、地方分权是其共有趋势，

---

① "现代社会面临的问题越来越复杂化，许多问题本身不完整、矛盾和不断变化从而使该问题的解决成为不可能，同时也因为复杂的相互依赖关系而使得解决该类问题的一个层面的努力往往会产生或加剧另外的问题"。这一对"邪恶问题"的解释引自：刘亚平. 协作性公共管理：现状与前景［J］. 武汉大学学报，2010，63（7）：574-582.

② J. O' Toole Jr L. Treating Networks Seriously: Practical and Research-Based Agendas in Public Administration ［J］. Public Administration Review，1997，57（1）：45-52.

③ 美国城市协作性管理实例节选自：罗伯特·阿格拉诺夫，迈克尔·麦圭尔. 协作性公共管理：地方政府新战略 ［M］. 勤益奋，李玲玲译. 北京：北京大学出版社，2007.

在推动政府改革、提升管理绩效上成效斐然。然而，新公共管理带来的机构裂化、管理碎片化的问题引发了公共行政领域的深刻反思，在这些理论纷争中，协作性公共管理以一种未来的新的范式的姿态出现并兴起。如果要大致为它界定一个学术图谱上的位置，那么协作性公共管理将是后新公共管理时期一个重要的理论范式。当然，从研究的视角而言，称其为范式还言之过早。"协作性公共管理用于解释政府组织间的协调，协作存在于跨越司法辖区和部门边界的组织之间，存在于私人组织与邻里协会之间。因此，协作性公共管理可以被认为是强调外部关系与组织环境的新公共管理（NPM）的下一步骤"①。

新公共管理的改革运动实际上提供了网络化组织的基础，政府与政府之间的关系，地方政府与非政府组织的关系发生了变化。种种契约的、管制的、援助的，以及基于互惠的关系模式产生了。"在地方分权化的发展趋势下，公共管理的发展已逐渐跨越了公部门官僚主导的模式而倾向于公私及第三部门的合作协力模式，而私部门及第三部门加入公部门的运作，亦使得公私部门互动内涵更加多元及丰富化。这种新公共管理的转变，主要体现在地方政府事务的推进上。在分权制度下的美国，多元协同管理的诸多案例显示对于地方政府事务具有显著的推动作用。也就是说，协作性公共管理关注的是"地方"，对于城市公共事务的管理，它既是一种活动，又是一种战略。如果认为协作性公共管理是后新公共管理时期的一种新的理论范式，那么它与同一时期的竞争性理论范式有何联系？是何关系呢？

（一）协作性公共管理是政府间关系研究的拓展

协作性公共管理的倡导者 Agranoff 教授一直关注于公共管理、政府间管理和联邦制的研究，曾独著或与人合著《政府间管理：人类服

---

① Kapucu N., Yuldashev F., Bakiev E. Collaborative Public Management and Collaborative Governance：Conceptual Similarities and Differences［J］. European Journal of Economic and Political Studies，2009，2（1）：39-60.

务问题在六个大都会区域的解决》《美国乡村新治理：构建政府间伙伴关系》等研究作品。Agranoff 教授的合作伙伴，《协作性公共管理》一书的合作者麦圭尔，同样长期致力于政府间、组织间的合作及网络、联邦主义与政府间关系的研究。从某种程度上讲，协作性公共管理的研究就是政府间研究（如政府间管理、政府间伙伴关系研究）的重要组成部分，更是政府间研究的深化和拓展。协作性公共管理关注的不是政府间关系，而是讨论如何通过合作有效进行城市管理，促进城市发展。这其中不仅涉足政府间纵向的关系，而且包含政府间横向的关系，以及政府与非政府组织的合作伙伴关系，而这是政府间研究所不能涵盖的。

　　联邦主义的政府间研究，关注联邦与州的协作，这些非正式协作主要涉及政府间协议和合同，人员交换，相互依存的法律行动，赠款援助及税收政策。协作通常是协调联邦和各州资源的一种手段，削减开支，消除重复，完成不协作就不能进行的工作。这些协调使美国政府的工作更为顺畅。但很显然，这些研究集中在政府领域之内。而组织网络时代的来临，使公共职能不再是政府的唯一领域，"政府间"（Intergovernmental）不仅包括联邦政府—州政府、州政府—地方政府以及地方政府与地方政府之间的关系，还包括政府与准政府，政府与非政府组织的关系。可以说协作性公共管理来源于政府间研究，并拓展了"政府间"的含义。

（二）网络管理是协作性公共管理的重要类别

　　网络研究是组织间关系的一个重要层面，组织之间构成的网络关系被看作是一种独特的结构，一种既不同于市场，也不同于科层，而是一种具有自身统一逻辑的经济活动组织形式。20 世纪 70 年代，西方兴起有关公司治理的跨组织网络研究。斯蒂芬·戈德史密斯和威廉·D. 伊格斯则把网络研究用于政府治理领域，他们根据"公私合作程度"和"网络管理能力"两个维度，划分了四种政府管理状态。其中，网络化治理被认为是跨界合作的最高境界。

网络的重要性不言而喻。"行动者之间相互依赖，如果没有其他行动者所拥有的资源，他们不能达到自己的目标"①。网络是社会协调的普遍形式，管理组织间联系的重要性与私营部门管理同样重要。网络是一个结构，合作的过程在这个作为非正式的社会系统的协调设置中进行。Fountain 认为网络视角提供了丰富的描述性能力和精确的宏观与微观的组织及组织间过程的研究方法。在组织间层级，网络分析展示了组织如何进行战略性操作，寻找、形成以及脱离联盟；有效的公共管理者如没有理解他所处的内部和外部网络结构的可持续性和灵活性，就不能进行有效的管理。因此，网络管理提供了找到协作性管理模式的机会。可以说，网络研究是协作性管理的组织理论基础，网络管理提供了协作性管理模型的一个重要类别。不过，要加以区别的是协作虽然可以成为网络的一个特征，但它也可以存在于网络之外，也可以延伸至网络之间的协作关系，值得注意的是，并非所有的网络都存在协作且并非所有的协作都在网络中发生。

（三）协作性公共管理是现代城市管理的最新注脚

"城市的演进展现了人类从草莽未辟的蒙昧状态到繁衍扩展到全世界的历程……城市也代表着人类不再依赖自然界的恩赐，而是另起炉灶，试图构建一个新的、可操控的秩序。"② 城市是不断变化的、信息膨胀的全球经济中的重要参与主体，也是政府治理实践的重要场域。纵向上，城市政府在州和联邦政府的政策与管制框架内运作，有权使用可利用的资源；横向上，城市政府作为社区多种利益的地方代表，经常在地方进行大量公私利益的动员活动。例如，凭借纵向协作性活动寻求信息，如印第安纳的塞伦就社会发展补助资金资助的项目向商务部咨询项目所允许的活动范围；寻求技术援助，如伊萨卡邀请

---

① Klijn E. H., Koppenjan J. F. M. Public Management and Policy Network：Foundations of a Network Approach to Governance ［J］. Public Management，2000，2（2）：135-158.

② 乔尔·科特金. 全球城市史 ［M］. 王旭等，译. 北京：社会科学文献出版社，2006.

密歇根小型商业发展中心的代表来访并向未来企业家解释成功经商、应对大量文书工作以及如何符合资助条件的秘诀；寻求法律救济与灵活性，如加菲尔德海茨通过其发展部门请求俄亥俄司法部长办公室设定一项分区法令例外，以融合与克利夫兰市重叠的一项新的低密度发展计划；依靠横向协作性活动进行政策制定，如伯洛伊特市官员定期会见商会、地方厂商、地方开发商、"伯洛伊特2000"的领导，进行"战略学习"，制定战略经济发展规划；实现资源交换，如在联合融资的一个创造性实例中，辛辛那提在城市、学区和汉密尔顿郡之间发起了三方财产交换活动，使学区能还清欠城市的170万美元的雨水设施债，最终，穿越莱茵历史区的市区土地区域被一个区域商业集团开发为大型超级市场。

近年来的社会创新活动也推动了中国城市的协作性公共管理，如顺德自启动社会综合改革以来，扶植了一批社会组织、团体，本地的各类型社会服务需求也变得越发显著，但缺乏一个需求与服务主体对接的平台。为将线上、线下的社会服务对接，实现服务信息资源共享，顺德成立全国首家"社会服务交易所"开展横向的协作性管理活动，通过"超市"自主选购的形式，使区内的社会组织及服务项目与不同的社会资源建立合作关系，推进了城市的公益事业发展。城市的公共管理者正在通过各种项目卷入越过政府界线（纵向协作）或超过组织和部门界线（横向协作）而进行的管理活动中。也只有在这种跨越界线的管理活动中，才能最大化地发挥政府与社会组织的协同效应，实现国家治理现代化所追求的"协同共治"。

城市的组成单元——社区，不仅是汲取资源的单位，而且是协作项目的服务区域，更是培育公民社会的空间。当在城市发展、教育、健康和儿童服务领域开展协作性公共管理活动时，社区与其他组织之间的利益关系开始发生变化，当这些协作性项目在社区取得成功时，公民之间约定的新的网络规范就从狭小的利益转变为对社区的广泛关注，以此推进公民社区的建立。可以看到，协作性管理模式促成了城市的良性循环，协作推动了公民社区的形成，公民社区又为下一步的协作行动奠定了良好的社会基础。实际上，正是社区发展中的协作性活动为协作性公共管理的理论模式提供了经验事实。

就城市管理本身而言，其是个起步较晚的跨学科领域，涵盖管理学、经济学、社会学诸多领域。虽然协作性公共管理中的许多经验事实来自于城市经济发展中的协作活动，但并不妨碍我们运用协作性公共管理的理论视角去观察与理解城市发展中的其他政治的、社会的活动。协作性公共管理为我们提供了研究现代城市管理的新框架。

二、协作性公共管理：意义及其拓展空间

（一）提出概念与构建范式

政府机构的角色既包括最主要的权威角色，通常也包括合作过程的参与和最终的决策者角色。实际上，公共行政的历史从来不缺乏对协作的探讨与研究。然而一个多世纪以来，引导着公共行政实践的经典理论主要是从组织内部激励管理的角度出发进行的理论构建，对跨组织、跨政府以及跨部门的治理形式并没有直接的指导作用。在单一组织不能解决复杂问题的背景下，公共行政学者兴起了对协作的讨论，许多学者从不同角度进行了探索，如协作（Collaboration）的过程、协作的前提等。Frederickson 也在公共医疗服务的跨区域治理研究中提到"行政联合"等。在市政研究中，也强调了城市—联邦关系的协调，但本质上并没有提到"协作"。"协作性公共管理"正式提出了学术概念上的定义：协作性管理是这么一个概念，它描述了在多组织安排中的促进和运行过程，以解决单个组织不能解决或者不易解决的问题。这一概念的提出与它所蕴含的时代意义，使这一公共行政领域的前沿文献有望成为跨组织管理的经典基础文献。

从经验事实的收集、类型化、概念化的过程中，"协作性公共管理

理论"开启了多组织的行政环境中新的管理理论范式的构建，而这也可以算作是寻找与官僚管理的组织典范相对应的知识基础，并用于指导和改善实践的一种尝试。当官僚体制与新公共管理模式已经不能有效解释现实的公共管理方式的变化、当新公共管理运动所带来的诸多问题不能通过传统模式有效解决，那么我们确实需要一种新的理论框架来解释、指导跨部门、跨组织、跨边界的管理活动。正如 Agranoff 在早期研究中所言，仅仅是项目协调不能够克服管理障碍。相反，这是一种需要"跨越组织的"（Transorganizational）管理，强调发展和服务整合的形式。他得出结论：必须提出一种新的范式，这种范式中管理任务连接了由传统单一组织的权力结构要素，并涉及"共同决策，参与目标导向的规划和方案，开发由各方共同行动的操作协议"①。

（二）关注协作程度与类型，重视经验验证

跨区域与横向关系的研究并不新鲜，但经验验证却是近年的事。协作性管理是城市经常运用的一种治理机制。在许多城市中，协作性管理已经成为公共管理的主导行动，只是我们对此知之甚少。协作性公共管理开启了我们对它更深入的认识，致力于详尽阐释公共管理者如何通过战略合作伙伴关系、网络、合同关系、联盟、委员会、联盟与议会共同发挥作用解决复杂的问题，通过其他政府机构、非营利组织、其他以营利为目的的实体及许多其他类型的非政府组织，以满足市民的需求。而这一过程展现在"协作的重要性、协作的机制、活动和战略的多样性、协作性管理的类型、协作性管理的现状与前景"等方面的深入剖析中，尤其是协作的程度与类型。这些以经验事实为基础的实证研究为实践者和学者提供了关于城市协作活动差异的一种理解。例如，基于辖区的协作活动描述了城市政府如何选择多种工具，以

---

① Agranoff R. Human Services Integration：Past and Present Challenges in Public Administration ［J］. Public Administration Review，1991，51（6）：533-542.

促进经济发展，特别是"内生工具"① 的运用、修复建筑、员工培训和再培训、技术援助管理和共享权益的项目等。尽管强调基于辖区的协作，对于其他类型的协作活动类型及关系的了解也是很有启发的。

基于实证而非规范的立场，显示出协作性公共管理试图形成一个关于公共管理的新的理性和实证的研究方法的企图，实际上这些前沿研究也确实开启了后继研究对于协作性公共管理活动过程的关注，引发了更多系统的用实证方法检验协作性管理过程的研究，研究者们纷纷开始了对打开协作性管理"黑匣子"的尝试。也就是说，协作性公共管理的研究超越了"How"与"Why"，它定义并强调了协作性情境下不同的管理方法分成不同部分和处于不同序列的重要性，描述了多种类型的协作性公共管理行动与过程，为地方政府提供了结合地方政治与生态环境、运用新途径、构建新模式、解决城市公共问题的指导。

（三）局限及其拓展空间

其一，协作性公共管理主要基于城市经济发展中的协作活动，重点考察的是地方经济发展的政策与制度环境中城市管理者角色与行为的变化。在其他政策领域，城市也面临着许多政府间、组织间以及部门间协作的挑战，而其他领域的协作研究为后继研究提供了扩展的空间。当然，我们对于协作性管理活动的理解不应仅限于服务经济发展如此狭窄的视角。

其二，协作性公共管理关注点在地方，尤其是城市政府。其模型的应用范围有限，对于国家层次甚至跨越国界的协作性活动缺乏解释力，跨区域甚至跨国界的跨边界管理，同样也是公共行政领域的重要议题，因而要使其成为更具解释力、更有发展力的范式，也许需要拓展其研究范围。

---

① 城市发展战略的基础是诸如财政援助、放松管制、税金增额融资以及企业分区等工具，内生工具致力于促进本地公司的发展和扩张，投资城市的实力和资产，靠城市内部而不是吸引流动资金来增长经济，如开办新企业、创造新技术、开拓现有产品的市场取得经济增长。

其三，协作性公共管理中，政府组织仍然是占据优势地位的重要行动者，从政府管理角度出发，强调运作层面上的过程管理、政策工具的选择。这种工具理性的体现，难免忽略了公民参与、共识达成的过程，仅从战略和政策层面进行的讨论也稍显单薄。此外，网络环境下的政府组织与非政府参与者，协作活动中的地位差距趋向越来越小，更可能发展成平等、相互依赖的关系。应该说，"协作性管理的研究才刚刚开始"。

无论如何，协作性公共管理为我们提供了理解网络时代公共管理的一种新的战略框架。而后续的研究则应该在协作性公共管理概念与理论框架的发展及协作性公共管理的最佳实践两方面继续推进该领域的研究，继续揭开协作过程的"黑匣子"。

三、小结

协作性公共管理模式无疑已经出现，不过还不能就此认定已经形成了新的管理范式，这一领域还需要更深入的研究与实践检验。值得一提的是，政府官僚机构并没有消失，合作仍然仅是补充而不是替代，但它有助于拓展这个领域的基础知识，为城市政府的公共实践者提供各级政府之间有关跨层级操作的具体主张，最终为城市公民提供良好的公共产品和服务。当然，这一新的管理模式是基于西方地方实践的基础构建的，对于是否适用于中国真实的城市行政实践，有待检验，有待中国的公共行政学者基于与国际学术界有效对话的前提下，分析与定义中国的城市管理，思考"协作"对中国城市的未来究竟意味着什么这一更具现实意义的问题。毕竟中国的城市行政仍然存在行政区划政治、条块分割的积垢，城市政府之间缺乏协作的动力，缺少协作的能力。在这样的城市行政环境下，如何激发协作的动力？如何创新协作的途径？中国的城市政府必须给出与西方城市不同的答案，而这个答案可以而且必然要在学习、吸收与借鉴最前沿的城市管理理论的基础上，经历城市自身的适应与革新来获得。在城市社会经济活动中历来占据强势地位的中国城市政府，如何放下身段与城市中的企业、社会团体、国际组织进行积极合作，以协作的方式提供公共产品与公共服务，是当代城市管理者必须深入探讨并尝试改革实践的时代课题。

参考文献

［1］Rittle H. W. J.，Webber M. M. Dilemmas in a General Theory of Planning［J］. Policy Sciences，1973，4（June）：155-169.

［2］Kettl D. F. Managing Boundaries in American Administration：The Collaboration Imperative［J］. Public Administration Review，2006，66（s1）：10-19.

［3］罗伯特·阿格拉诺夫，迈克尔·麦圭尔. 协作性公共管理：地方政府新战略［M］. 鄞益奋，李玲玲，译. 北京：北京大学出版社，2007.

［4］Thompson G. Between Hierarchies and Markets：The Logic and Limits of Network Forms of Organization［M］. Oxford：Oxford University Press，2003.

［5］斯蒂芬·戈德史密斯，威廉·D. 埃格斯. 网络化治理：公共部门的新形态［M］. 孙迎春，译. 北京：北京大学出版社，2008.

［6］Rhodes R. A. E. The New Governance：Governing without Government［J］. Political Studies，2010，44（4）：625-667.

［7］Fountain J. E. Comment：Disciplining Public Management Research［J］. Journal of Policy Analysis and Management，1994，13（2）：269-277.

［8］McGuire M. Collaborative Public Management：Assessing What We Know and How We Know It［J］. Public Administration Review，2006（S1）：33-42.

构建多层级治理框架下的
粤港澳大湾区职业教育合作体系①

内容提要 构建优势互补、协同发展的职业教育合作体系，是国家发展粤港澳大湾区的战略需要。特定地域空间的多重张力、教育政策制定与实施的限度、教育生态存在的差异都使得粤港澳大湾区职业教育合作充满挑战。"一国两制"、多层级政府、多元职业教育主体的特征决定了粤港澳大湾区的职业教育合作势必是一个多层级、多元治理主体之间互动以及众多政策工具共同协作的制度性集体行动。

2019 年，国务院印发了《粤港澳大湾区发展规划纲要》，要求各地区各部门认真贯彻落实，建设粤港澳大湾区已上升为国家战略。打造充满活力的世界级城市群、促进粤港澳大湾区合作发展的体制机制创新，不仅有利于丰富"一国两制"的实践内涵，也有利于促进粤港澳三地的优势互补和共同发展。要充分发挥粤港澳大湾区的综合优势，就要解决粤港澳大湾区合作发展中的问题，尤其要重视职业教育领域的合作发展。一方面，职业教育为建成世界新兴产业、先进制造业和现代服务业基地提供高技能技术人才支撑；另一方面，国家将职业教育的改革创新放在经济社会发展更为突出的位置，将有效促进粤港澳大湾区职业教育的协同发展。构建优势互补的职业教育合作体系

---

① 本节主要内容曾以"多层级治理框架下的粤港澳大湾区职业教育合作体系研究"为题发表于《教育与职业》2020 年第 18 期。

既是提升粤港澳大湾区软实力的实践需要，也是国家教育治理改革的重要内容。

粤港澳大湾区包含香港特别行政区、澳门特别行政区和广东省的广州、深圳、珠海、佛山、惠州、东莞、中山、江门、肇庆九市。这两区九市的行政层级不一，经济体量不同，制度差异巨大。面对两种制度、三个法域和关税区，如何创新职业教育合作办学方式，促进粤港澳大湾区职业教育的协同发展？

一、粤港澳大湾区职业教育合作研究述评

实际上，粤港澳大湾区建设专题近年来在经济学界、公共管理学界备受热议。基于以往对粤港澳合作的探讨，粤港澳大湾区建设议题因结合国家顶层设计而关注度骤升。其中一类研究路径结合"一国两制"和公共治理理论，讨论粤港澳城市间的政府关系、合作机制设计以及跨境共管和多方合作的治理架构。研究指出，粤港澳三地地域相邻，经济联系紧密，"三地共同面对的公共事务不断增多，因此需要加强协作，要依据公共事务的内容、属性、特征建构定制化的多方协作治理机制"[①]。毕竟，"公共服务合作治理是推进我国国家治理体系与治理能力现代化的重要方面，更是提升公共服务供给质量的时代要求"[②]。简言之，关于通过多元主体合作来提供公共服务的必要性已基本达成共识：对于公共事务的治理，应从政府与政府、政府与市场、政府与社会等多维关系出发，构建合作治理机制。

在高等教育领域，学者们从粤港澳大湾区高等教育融合的重要

---

① 马莉莉. 创新大湾思维：新时代建构粤港澳战略支点体系 [J]. 暨南大学学报，2018（12）：13-22.

② 王家合，赵喆，柯新利. 公共服务合作治理的主要模式与优化对策 [J]. 中国行政管理，2018（11）：154-156.

性、制度建设、教师资源整合、高教联盟机构等维度提出了合作建议。有研究基于对三地高等教育空间的异质性及高等教育融合发展的障碍分析，提出要"加强顶层设计、国民教育、战略规划等强制性制度同构，实施教育联盟、大学集群等模仿性制度同构，建立合作平台、拓展合作模式、健全制度保障等规范性制度同构"①。还有研究从政治逻辑、经济逻辑、文化逻辑、教育自身逻辑四大方面解析了粤港澳大湾区高等教育合作的必然性，同时提出筹建粤港澳大湾区高等教育协作委员会，实施阶段性的合作计划以及建立企业、大学和科研机构联盟等整合策略。尽管高校联盟是高等教育校际合作的重要组织形式，但粤港澳大湾区高校联盟不同于一般意义上的区域高等教育联盟。研究指出，"一方面，粤港澳三地高校并非跨国；另一方面，粤港澳高校联盟覆盖地理空间远小于欧洲高等教育区"②，应通过制订教育质量提升计划等策略来构建实体化的高校战略联盟。

关于职业教育领域的粤港澳合作讨论也日益增多，研究多从服务区域产业的角度展开。在宏观层面，有研究认为，实现协同发展是粤港澳大湾区职业教育的理性选择，要立足基本任务、推进原则和理论依据三个维度进行静态分析；在微观层面，有研究基于具体的案例实践，提炼出致力于实现教育链、人才链、产业链和创新链融合的"产学融创"生态系统。合作共生、增进交流合作、师资共享、扩大公众参与等，被认为有助于推动粤港澳大湾区职业教育生态发展。

显然，公共服务供给领域的协同合作已成为一个普遍现象，粤港澳大湾区职业教育合作本质上是跨区域的协同治理。教育领域的合作实践强调了顶层的制度设计、组织形式重构及具体的整合策略对合作成功的重要性，但对职业教育领域的合作研究仍然不够深入，因此需要对阻碍合作的结构性因素进行分析，对政府及相关利益群体集体行动的制度环

---

① 许长青，卢晓中. 粤港澳大湾区高等教育融合发展：理念、现实与制度同构 [J]. 高等教育研究，2019（1）：28-36.

② 焦磊. 粤港澳大湾区高校战略联盟构建策略研究 [J]. 高教探索，2018（8）：20-24.

境进行解读，构建基于区域治理视角的职业教育合作分析框架。

二、粤港澳大湾区职业教育合作的结构性困境

在粤港澳大湾区概念提出前，因地缘相近，粤港澳三地早已存在一些非制度化的教育合作，职业教育领域也有所尝试。例如，粤澳或粤港两地行业协会与职业学院共建培训中心、共建共享实训基地，两地教育行政部门与行业协会搭建职业教育交流平台，在师资培训、互派教师、学生交流和就业方面达成一些书面的合作意向等。尽管已有初步的合作实践，但合作的深度与广度还存在很大的发展空间。其一，这些合作局限于兄弟学校、高校联盟或友好城市之间的合作项目，以院校的自发性合作为主，城市政府或教育行政部门的主导和参与较少，缺乏制度性安排。其二，合作的形式也较为单一，还停留在院校共建实训基地、相互组织师资培训等浅层次，不够深入。其三，缺乏整体性的长远规划，尚未以粤港澳大湾区高职教育联盟的形式支撑区域经济社会发展，缺乏有约束力的联动机制，高职治理主体之间还未形成合力，合作项目完成即结束，可持续性不强。简言之，三地职业教育的资源统筹明显不足，尚未形成政府、高职院校、高校联盟、产业协会等多元主体协同创新的格局。究其原因，主要在于粤港澳大湾区存在不同社会制度、法律制度之间的差异性以及不同关税区之间的空间异质性，导致职业教育合作体系构建过程充满挑战。

（一）职业教育政策的制定与实施存在限度

"粤港澳大湾区不仅是经济地理现象，也是一个政治地理过程，

是国家治理的新尺度选择，是超越行政区的基础上构建的新的空间尺度"①。也就是说，粤港澳大湾区并非一个行政概念的区域。"一国两制"决定了粤港澳大湾区两区与九市的合作不仅跨越了既定的行政边界，更跨越了不同法域和制度体制。譬如，广东省的职业教育发展与规划可以涵盖九市，却无法纳入对港澳职业教育发展的考量，很难起到对整个粤港澳大湾区职业教育发展的统领与协调作用。此外，除了两个特别行政区，粤港澳大湾区其余九市亦是由多个不同行政级别的城市构成，是个存在多重行政架构的特定空间。在这个特定空间，与职业教育相关的政策制定与决策过程受限于行政级别与权力边界，缺乏常态化的对等交流与协商机制。不同行政区域内的职业教育政策覆盖面有限，影响力不足。

（二）职业教育治理主体之间存在多重张力

"一国两制"、多层级政府、多元职业教育主体的特征决定了粤港澳大湾区职业教育体系建设势必是一个多层级、多元治理主体之间的互动以及众多政策工具共同协作的制度性集体行动。在这个场域，各治理主体在横向结构上面临行政权力同质性与地域空间多元性之间的冲突、行政地域边界性与网络空间流动性之间的冲突；在纵向结构上面临自上而下的政治动员与自下而上的社会参与之间的冲突。不同制度空间行事逻辑的差异使得治理主体之间实现良性互动的困难较大。譬如，两区九市的等级化行政方式与水平式协商方式之间存在张力，使合作极具挑战。实现粤港澳大湾区职业教育合作，势必要化解自上而下的层级节制与合作网络横向扁平化之间的张力，形成多元主体间的良性互动。

（三）职业教育生态存在差异

就经济社会发展而言，粤港澳大湾区两区九市在经济制度、法律

---

① 张福磊. 多层级治理框架下的区域空间与制度建构：粤港澳大湾区治理体系研究[J]. 行政论坛，2019（3）：95-102.

体系、行政体制和社会管理模式上存在巨大差异，不仅造成了科研成果转化、信息共享、国际交流、税收标准等方面的政策差异，也带来了教育政策与教育发展模式的差异。从教育合作的实践来看，尽管粤港澳三地地域邻近、历史文化传统相似、生活方式相近，但在教育价值观念、教育思想、管理体制、发展程度等方面却有很大不同。研究发现，粤港澳三地高等教育的空间异质性给高等教育融合发展带来诸多障碍。合作基于资源依赖、互补共赢，但三地职业教育的资源与实力不尽相同。尽管三地同处岭南文化地区，但城市发展程度不一、文化价值不尽相同，开展职业教育的动机和需求也相去甚远。基于教育生态学理论，宏观上包括教育体制、教育政策，微观上涵盖学校、课堂、教学方法在内的粤港澳大湾区职业教育生态系统，仍然存在沟通协调难、教育融合难、专业产业匹配难、企业参与难、课堂生态实施难等问题。

综上，由于制度的差异性、治理主体的不对等、权力结构的多重性，基于行政区域的治理手段或措施难以实现较具规划性和约束力的职业教育合作。考虑到粤港澳大湾区职业教育合作不是简单的跨行政区域合作，类似跨境合作，因此，可以从跨境合作的实践中寻找思路。

三、粤港澳大湾区职业教育的多层级治理框架

所谓多层级治理理论，即欧盟研究中的多层级治理（Multi-level Governance），最初用来解释欧洲一体化现象，"逐渐成为欧盟治理的一个重要理论流派和实践模式，指地区（此处指国家内部地区）、国家和超国家层次间的相互联结和互动"①。这一概念最早由马科斯提

---

① 臧术美．"一带一路"背景下中国与中东欧地方合作——一种多层级合作机制探析[J]．社会科学，2020（1）：50-62.

出，主要用于解释欧盟国家之间或国家与欧盟之间的互动。此概念延展到公共管理领域，被用于讨论跨越不同层级、关联多个行动者的复杂政策过程和互动行为。

运用多层级治理理论讨论粤港澳大湾区职业教育合作问题，其适用性在于以下两个方面：其一，粤港澳大湾区并非特定的行政区域，在这个特定空间谈合作，涉及不同管辖权限、不同行政层级的政府行为体，这与欧洲一体化涉及从地方到跨境多个层次的治理情境类似；其二，多层级治理是不同管辖层次上政府与非政府行动者为解决公共问题而进行的持续互动的制度安排，强调国家与社会、公共领域与私人领域的良性互动。职业教育合作是粤港澳大湾区重要的公共事务，需要多元主体之间的共同参与、协调互动。最重要的是，多层级治理重新强调了在稳定的制度框架下，通过有序的统筹协调实现高效的合作，而这与构建粤港澳大湾区职业教育合作体系的内在要求相契合。

首先，从政治学视角看，粤港澳大湾区是超越行政区基础上构建的新的政治地理空间，存在跨区域的多层级政府与多元化的职业教育主体。本质上，粤港澳大湾区职业教育合作就是在这个特定的城市群中，各地政府围绕职业教育开展的协同治理，因此需要从跨域治理的视角进行讨论。其次，"一国两制"的制度环境、多层次的各级政府及多元化的治理主体，使粤港澳大湾区职业教育合作面临行政权力的同质性与地方空间的多元性、自上而下的政府驱动与自下而上的社会参与、行政区域的边界性与网络空间的流动性等多重冲突。在这个特定空间进行有效治理的关键在于达成多元治理主体间的制度性集体行动，因此需要引入多层级治理框架，构建职业教育合作的制度性秩序框架。再次，粤港澳大湾区本身就是创新国家治理的制度性尝试，这个制度框架涉及治理层面的各类战略问题。具体到职业教育，应将分析层次扩展至更高层级的政府和制度层面，毕竟多层级治理结构意味着低层级的应用规则必然受高层次的治理结构和政策决策影响。要注意在整体的制度安排与规范设计下，明确粤港澳大湾区职业教育合作体系中参与决策的行动者之间的权力关系配置，形成常态化的互动规则。最后，粤港澳大湾区职业教育的多层级治理在结构性维度上体现为地域性治理与功能性治理两部分，既需要中央、省级、市级、县级、乡镇各级政府形成分工清晰、结构稳定的行政体系，又需要弹性的治理手段。因此，粤港澳大湾区的职业教育合作一方面要建立基于行政地域的协调机制与联动机制，另一方面也要提供任务导向、问题导向的功能性平台和运作项目（见图1-1）。

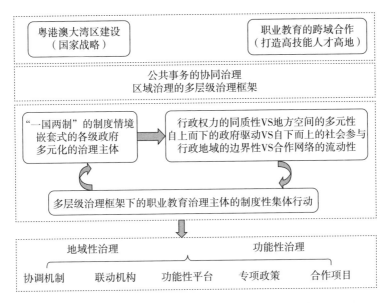

图1-1　粤港澳大湾区职业教育多层级治理分析框架

四、粤港澳大湾区职业教育多层级治理的行动策略

粤港澳大湾区的职业教育合作并非从零开始，已有的珠三角区域合作机制、深港澳和珠港澳合作机制、广佛同城化等地方政府合作经

验都是重要的制度借鉴。不过，在一个既跨地域又跨层级的多元化治理环境中，运用多层级治理框架、干预现有的治理结构、重构治理主体之间的关系，比碎片化的合作经验更有助于形成系统而理想的合作体系。

（一）明确制度框架，形成合作规范

对于具有相互嵌套性、由多重关联性要素构成的复杂结构性问题，最简单的方式是将其拆分为可独立分析的部分进行研究。职业教育如何融入粤港澳大湾区的整体战略，需要对粤港澳大湾区职业教育的协同治理做出不同层次的解释。在宏观层面，要明确粤港澳大湾区职业教育合作治理的治理意图、治理类型与治理关键。

首先要明确国家治理意图。《粤港澳大湾区发展规划纲要》（以下简称《规划纲要》）作为指导粤港澳大湾区当前和今后一个时期合作发展的纲领性文件，从指导思想、基本原则、战略定位与发展目标等对湾区建设提出了总体要求。2019 年，广东省委、省政府印发了《中共广东省委　广东省人民政府关于贯彻落实〈粤港澳大湾区发展规划纲要〉的实施意见》，广东省推进粤港澳大湾区建设领导小组印发了《广东省推进粤港澳大湾区建设三年行动计划（2018—2020 年）》，根据国家层面的规划明确了重点工作任务。其中，推进三地合作办学即为建设宜居宜业宜游的优质生活圈的重要任务。粤港澳大湾区职业教育的协同发展理当层层落实，通过职业教育发展规划、行动计划等回应国家层面的治理意图与重要任务。政府出台的指导思想与建设原则，既是粤港澳大湾区职业教育合作的价值理念，为其提供了合作方向和指引。

其次要明确功能性治理的思路。由于多层级治理框架中的行动主体涉及不同地域、不同层级，对具体的公共事务没有独断的决策权力，需要彼此独立的行动者持续协商方可做出有约束力的结构安排，因此，超越行政地域边界的功能性治理是最佳选择。功能性治理以问题为导向，围绕中心任务，既能覆盖较多的结构成员，又能较地域性治理更为灵活、高效。粤港澳大湾区职业教育合作可以通过以问题为导向的多种功能性治理结构形式，依托项目集结多元主体，实现跨越城市边界的要素流动与教育合作。

最后要厘清关键问题，确立行动规范。多层级治理预设多元主体之间的地位平等，强调有限的决策权限在不同层级主体中的分配，强调不同主体在特定的制度框架内相互合作和彼此制约。由管理层级、部门隶属产生的协调困境是多层级治理要解决的核心问题，需要从治理角度出发，重新确定权力配置和政策安排。

需要注意的是，仅建立某一层级的规则难以形成持续有效的行动规范，不同层级不同性质的职业教育主体开展合作前，必须在责任分配、风险分担、利益分享上达成共识，基于信任基础形成合作协议或框架。

（二）确立协调机制，支持共享互认

在传统的城市治理中，地域性治理长期居主导地位。城市具有边界清晰的地域空间与行政边界，其"地域特质通过制度化的分离、限制和封闭被凸显"[①]。作为固定的基层治理单元，城市之间壁垒重重，各自为政。粤港澳大湾区两区九市不同的经济社会管理权限与行政级别决定了其在人才、土地、资本等方面资源的不同，为此，需要打破城市边界，促进城市合作，加速人才流动和资源整合，构建职业教育的跨区域协调和联动机制。

设置区域协调机构、出台区域发展规划，是政府解决跨区域、跨部门问题时常用的手段。这里的协调机构指各类领导小组。领导小组不仅是中央政府治国理政的方法和工具，也是地方政府不可或缺的治理手段。它通过权威介入，依托办公室运作，为组织协调提供了载体。国家已成立粤港澳大湾区建设领导小组，广东省也成立了推进粤

---

① 吴越菲. 地域性治理还是流动性治理？城市社会治理的论争及其超越 [J]. 华东师范大学学报，2017（6）：51-60.

港澳大湾区建设的领导小组。为促进广佛同城化建设，两市也成立了领导小组，作为广佛同城化建设的领导机构，负责重大事项的决策和协调。就粤港澳大湾区职业教育合作而言，也需要在国家层面组建粤港澳大湾区职业教育合作领导小组、合作委员会或协调委员会等领导机构，并设置相应的执行机构，共同确立组织目标，制订职业教育创新发展计划，支持开展职业资格、专业标准、课程学分、技能培训互认等重要领域的合作。领导小组可通过组织地方领导人会议、市长联席会议等明确合作项目和合作重点，灵活运用职业教育论坛、职业教育博览会、伙伴关系论坛、跨境协调委员会、合作联络小组等形式，形成合作协调机制，为职业教育合作提供政策支持和专业技术指导。

（三）依托功能性平台，实施项目化运作

欧洲一体化进程的研究显示，建立功能性的跨境组织会促进某一功能部门的合作。欧洲培训基金会（European Training Foundation，ETF）是欧盟的一个功能性分支机构，也是欧盟多层级治理框架下建立的一个职业教育指导性工具。ETF"以一系列项目为依托在伙伴国家开展研究和实践活动，旨在推进教育培训和劳动力市场制度的改革"[①]。粤港澳大湾区职业教育合作也需要构建促成粤港澳大湾区职业教育相关利益群体之间集体行动的功能性平台，资助三地合作开展高水平职业教育研究，共同举办跨境高水平职业技能大赛，共同培育国际化高水平职教师资队伍。

在粤港澳大湾区建设领导小组的规划与指导下，可通过先行先试的改革路径开展职业教育合作实践。例如，可在深圳前海、珠海横琴、广州南沙、东莞滨海湾等局部区域设置试点，先行先试或开展带奖补性质的竞争性试点申报，待积累成功经验后再在更大范围内推

---

① 岑艺璇，谷峪. 多层级治理框架下的职业教育领导力建设——以 ETF 伙伴国为例的分析 [J]. 教育研究，2015（3）：71-78.

广。同时，积累现有实践案例中的成功经验，形成样本和模式。例如，深圳的职业院校可以考虑以何种合作方式充分利用香港在税收、进口设备、出国交流、研究生招收等方面的政策优势，珠海的高职院校也可考虑如何成为澳门特别行政区职业技能培训和认证的中心，以满足政府、院校、企业、市民的多方需求。

鼓励职业教育教师和学生在三地之间开展交流与学习，尝试共建新兴专业，联合建设培训中心和实训基地。要依托共建的培训中心、合作基地等，对职业技能教师资格互认、职业资格互认进行先行先试。发挥三地职教联盟的作用，逐渐形成三地企业、高校、行业协会、人力资源部门的交互合作网络，通过许可、转让、入股等形式加快科技成果的转化。可尝试为香港特别行政区、澳门特别行政区的高职院校或训练机构在广东开展合作办学提供优惠政策，促进特色学院、特色专业的建设，拓展合作的广度和深度。

需要补充的是，粤港澳大湾区各城市的行政级别和政治地位存在差别，职业教育的横向合作存在自上而下的权力差异，而"项目制"的组织运作形式可以淡化层级关系、强化互动合作。近年来，项目制在我国国家治理中扮演越来越重要的角色，不仅成为财政资源分配支付的方式，也日益成为公共事务治理的普遍方式。在粤港澳大湾区职业教育合作实践中，项目制由于其在资源整合、动员能力、成员构成方面的灵活性以及目标达成的高效等优势，可作为主要治理手段，这也是多层级治理框架下功能性治理的体现。专项政策、专项计划、专项资金将促成职业教育特定领域的协作。在设置专项计划时，首先要注意对接有关粤港澳大湾区职业教育合作的政策，有重点、有步骤地推进合作的深度；其次要允许香港特别行政区、澳门特别行政区的高职院校、培训机构、研究机构等申请这些专项、试点、计划，并按项目要求统一拨付资金；最后要有整体的规划和思路，有重点地推出专项计划，明确重点合作的领域，以改善粤港澳大湾区所需要的信息技术、高端装备制造、生物医药、海洋经济等新兴产业的高技能人才培训条件并促进资源共享。

五、结语

强调建立自上而下的合作制度并不意味着否定自下而上的"非制度性"合作。实际上，我国香港与珠江三角洲地区自 20 世纪 80 年代以来的经济融合一直是"非制度性的"，"是由香港企业家和普通市民，以及珠三角地方政府参与的一种'自下而上'的跨境融合过程"①。鉴于多层级治理结构的特殊性，职业教育也应更强调在"低政治"领域进行功能性合作。为此，可通过制度、资源和话语等要素的介入，激活和引导各职业教育治理主体的自主行动，鼓励市场导向的自发性教育合作行为。简言之，在多层级治理框架内，粤港澳大湾区职业教育应将粤港澳大湾区各城市政府、各高职院校、各职业教育行业学会、行业协会、各专业人士等多元主体纳入治理框架，促进各成员方相关管理权限的转换与互认，从而实现合作效果最大化。粤港澳大湾区职业教育合作涉及的结构成员较多，不仅需要自上而下的、由中央政府主导的制度性合作，也需要地方政府间的自主合作及民间相关利益群体自发开展的校际合作、校社合作、校企合作等。只有发展出非单一类型的合作模式，才能在更大程度上获得职业教育各主体的认同和参与，真正实现粤港澳大湾区职业教育的协同发展。

参考文献

[1] 李晶，刘晖．粤港澳大湾区高等教育整合的逻辑与进路 [J]．高等教育研究，2018（10）：31-36．

[2] 安冬平．粤港澳大湾区职业教育协同发展的时代意蕴与解释

---

① 杨春．多中心跨境城市—区域的多层级管治——以大珠江三角洲为例 [J]．国际城市规划，2008（1）：79-84.

框架［J］. 职教论坛，2018（9）：143-148.

　　［3］成洪波. 粤港澳大湾区"产学融创"：内涵实质、需求背景与路径探索［J］. 中国高教研究，2018（10）：36-41.

粤港澳大湾区职业教育合作体系的"圈层结构"及其治理①

内容提要 粤港澳大湾区的职业教育合作是发展粤港澳大湾区的国家战略需要，也是公共事务协同治理的必然路径，更是高质量职业教育的本质所在。从政治、管理、教育的三重进路出发，以政策制定、资源互补与产教融合为合作目标，粤港澳大湾区职业教育合作可形成政府间合作网络、校际合作网络以及以院校为核心的"1（学校）+X（地方政府、其他职业院校、非政府组织、行业企业）"多种组合的校企合作网络，呈现多层级圈层化的结构特点。要促进圈层结构间各主体在合作网络间一致有效的集体行动，需要明确合作的网络类型，选择好合作伙伴与合作方式，充分发挥政府的集成者角色作用并积极探索契约治理等新型网络治理的程序和手段。

《粤港澳大湾区发展规划纲要》（以下简称《规划纲要》）指出，要不断深化粤港澳互利合作，进一步建立互利共赢的区域合作关系，推动区域经济协同发展。随着粤港澳大湾区建设步伐的加速，全方位、多层次的区域合作日新月异，如跨境的深港双城联动公交运营、多主体联合开展技术攻关，金融行业的跨境服务、三地共建创新工作室联盟等。可以看出，粤港澳大湾区的合作不仅限于投资贸易，各发展主体在基础设施、金融服务、科技教育等多个领域也进行着协同发

---

① 本节主要内容以"粤港澳大湾区职业教育合作体系的'圈层结构'及其治理"为题发表于《高教探索》2021 年第 6 期。

展模式的创新探索。实际上，在不同国家、不同地区、不同组织之间的相互依赖日渐深入的今天，公共产品的合作供给、公共事务的跨境治理早已成为国家治理领域重要的研究议题。学者们从政府间合作、协同治理、网络治理等不同理论视角展开讨论，对于合作的形式、困境、影响合作的因素等方面提供了有启发的借鉴。

作为一种准公共产品的职业教育，既是科技教育领域的重要组成，也是区域经济增长的重要支撑，在粤港澳大湾区这样一个特殊的地理区域职业教育应形成什么样的合作模式，如何达至高质量的有效合作？厘清粤港澳大湾区职业合作治理体系的结构与内容，分析合作体系的结构性困境，探讨构建职业教育区域合作关系的实现路径，对于抓住粤港澳深化合作的机遇，提升大湾区职业教育供给水平具有重要的现实意义。戴维·H. 罗森布鲁姆从管理、政治和法律的途径对公共行政学进行了阐述和分析，为公共行政学者提供了全面和深度理解公共行政的分析框架。[1] 而粤港澳大湾区职业教育的合作供给亦涉及政治、管理、职业教育多学科领域，依据戴维·H. 罗森布鲁姆多维视野的解读方式，下文将从政治、管理与职业教育出发，对粤港澳大湾区职业教育合作体系的内涵、结构类型、合作网络建构的实现路径等，进行综合性思考和解析。

一、大湾区职业教育合作的三重意涵

（一）政治的角度：合作是发展粤港澳大湾区的国家战略需要

正如《规划纲要》所言，建设粤港澳大湾区，既是新时代推动形成全面开放新格局的新举措，也是推动"一国两制"事业发展的新实践。粤港澳大湾区的政治学解读是指国家通过调节国家、区域与城市尺度之间的关系解决领域政治问题的一轮尺度重组，是一个政治地理空间。[2] 在这个重组的、新的政治地理空间，通过一体化的经济发展体系来保证政治稳定。一体化的经济发展体系，离不开一体化的职业教育合作。在职业教育领域促成城市的合作联盟，深化内地城市与港澳城市的交流合作，反过来亦可促进一体化经济体的形成，更进一步地助力于区域的国际竞争力、助力于这个特别空间区域的繁荣稳定。此外，粤港澳大湾区作为国家的区域发展政策安排，重塑了资本流动的地方空间，就此而言，粤港澳大湾区职业教育合作体系的构建意味着可重塑粤港澳大湾区九个城市间职业教育资源的流动空间，形成三地职教开放发展的新格局，这自当是"一国两制"事业发展新实践的重要组成部分。在实践上，发展的理念已经渗透到经济社会发展的各个领域，粤港澳三地的职业教育也需要为区域的发展承担起相应的国家责任。

（二）管理的角度：合作是公共事务协同治理的必然路径

协同，不但有合作之意，更是围绕创新目标，多主体、多因素相互补充、配合协作的行为，其本质为一种管理创新。同理，职业教育的合作，就是提高效率，实现管理学意义上"1+1>2"的协同效应，促进该区域职业教育的整体发展。协同还意味着由简单的城市间教育资源的竞争走向城市群职业教育高质量发展的合作，促进资源互补，实现共建共享。经典的资源依赖理论认为，任何组织即使是资源较为丰富的组织也不可能孤立存在，都需要不断地进行资源交换。粤港澳大湾区为职业教育服务供给提供了更多元的主体，延展了资源交换的空间，多个城市间资源互补，有助于提升资源配置效率，形成协同创新的态势。粤港澳大湾区九地在知识创造、知识转化、产品应用各具优势，提供了科技创新的沃土。就职业教育而言，同样也有学科、专业、技能各具优势的城市与学校，粤港澳大湾区的职业教育合作就是引导各路力量发挥各自的资源优势，规避资源依赖劣势，实现互惠共享。《规划纲要》指出，支持粤港澳高校合作办学，鼓励联合共建优势学科、实验室和研究中心。三地组织间涵盖国际、国内两个市场、两类资源，探索不同制度框架下的市场、资源的有效对接，有助于实现更高层次的职业教育合作与竞争，也是促进粤港澳大湾区职业教育整体质量提升的管理学意涵所在。

（三）教育的角度：合作是高质量职业教育的本质所在

如何促进职业教育产教的深度融合，进一步提升职业教育质量，提高职业教育服务当地经济社会发展的能力，一直是职业教育发展的核心问题。职业教育与其他类型教育的最大不同就是倡导工学结合、产教融合、校企合作。所谓产教融合，就是职业院校与行业企业达至深度合作。产教融合的深度决定了职业教育的发展程度。要打造更合合经济社会发展的高技能人才，离不开以市场为导向的校企合作。更进一步地，就是要形成学校、政府、产业、企业等主体的全方位合作，形成创新链、产业链、需求链、服务链全覆盖的产学研平台。粤港澳大湾区三地九城，可以为这种合作提供更宽广的空间、更优质的平台、更国际化的视野。毕竟，单一的行政手段或市场化取向或纯公益取向都不是提升公共服务效益的最佳方式，职业教育的供给也需要多个伙伴之间的有效合作。政行校企之间的深度合作正是职业教育区别于其他教育类型的本质所在。

二、粤港澳大湾区的职业教育合作：多圈层嵌套式的结构体系

就粤港澳大湾区职业教育合作体系而言，如上文所示，由于其处在特殊的政治地理空间，职业教育合作被赋予了政治、管理和教育等更为丰富的价值意涵，多种取向的实现路径。这既是职业教育合作建构自身话语体系的起点，也是我们认识和解剖大湾区职业教育合作体

系的基础。不同的时代背景和组织环境，会促成包含不同的组织间合作目的、合作范围和合作方式的合作类型，基于三种不同的合作取向，从合作类型开始解读粤港澳大湾区职业教育合作体系。

尤金·巴达赫曾把合作界定为"两个或两个以上的机构，通过一起工作而非独立行事来增加公共价值"的任何共同活动。[3] 这一概念为我们对合作体系的解析提供了分类维度。其一，"两个或两个以上的机构"表明"合作"是以组织为单位的，分析聚焦于组织层面；进而，什么样的机构、多少机构，即合作的组织类型与多寡亦是区分合作类型的重要指标。此外，英国教授 Perri 将公共事务的跨界合作划分为四个层次：政策制定中的协同或政策协同、项目管理中的协同或项目协同、服务供给（包括管制）中的协同、面向个体的服务协同。[4] 澳大利亚政府的跨部门协同主要侧重于三个层次，即政策制定中的协同、政策执行和项目管理中的协同、公共服务供给中的协同。综上所述，基于合作的任务与目标，提供了合作体系构建的另一维度。据此，职业教育合作类型划分如表 1-1 所示。

表 1-1　粤港澳大湾区职业教育合作类型

合作取向	合作目的	典型案例	理论依据	合作主体	合作关系
政治	政策制定、议事协调	职业教育的学历框架、体系构建	多层级治理	政府	上下级政府间、同级政府间
管理	提升管理效率、效能	技术转换的研发项目、资源互补的校际合作项目	资源依赖	学校	校校合作、校际联盟
职业教育	公共服务的高质量供给	如考证项目（高校、企业与政府的合作）	网络治理	企业、行业、社会组织	行校企、政行校企

（一）政策制定：多层级的政府间合作

粤港澳大湾区内含九个城市，而这九个城市身处不同的行政层级、不同的制度环境，甚至不同的法域。城市之间制度差异巨大，经济水平不一，职业教育的发展模式、发展水平更是不尽相同。"一国两制"、多层级政府意味着与职业教育相关的制度设计、政策框架存在由于行政级别和行政权力边界带来的效度有限性问题。在这样一个特殊的政治地理空间讨论职业教育的合作，就是讨论如何跨越城市的行政权力边界问题。一方面，需要横向的同级的城市政府间的协同合作；另一方面，更需要纵向的处在多重行政架构中不同层级的政府间协同合作。实际上，多层级治理理论早已用于区域的公共事务讨论，尤其是流域治理、空气环境治理等跨城市边界的协同治理问题。多层级治理强调建立制度框架秩序，主张通过协调、统筹各个层级行为主体的活动来实现有序、高效的合作。[5] 这正是粤港澳大湾区职业教育合作所需要实现的制度性集体行动，即通过政策工具、顶层设计、制度框架形成常态化的对等交流与协商机制，实现各层级政府在职业教育领域可持续性的共同行动。

（二）资源互补：跨域的校际合作

资源依赖理论的重要假设之一就是组织最重要的是生存，为了生存需要获取资源。由于资源是有限的，尤其是那些有价值、稀缺或不可替代的资源。资源优势使组织可以有较大的自主性，在与其他组织的关系中掌握支配权和控制权。因此，就组织而言，需要不断增强核心竞争力，提高获取资源的能力，同时，组织也试图通过差异化的资源优势，实现资源互补，稳固组织生存力。面对粤港澳大湾区的协同发展前景和职业教育的改革驱动，职业院校若想脱颖而出，形成和稳固核心竞争力，院校之间的合作成为必然选择。如前文所述，粤港澳大湾区形成了一个新的特殊的资源流动空间，教育资源亦是如此，粤港澳大湾区九大城市间的职业教育机构从规模、专业设置、发展阶段，各具特色。例如，澳门特别行政区的旅游教育资源丰富，优势显著，香港特别行政区也有世界顶级的名校。尽管两地拥有顶级院校一流专业，亦不足以覆盖粤港澳大湾区经济社会发展所需的所有学科和专业。要打造世界级的城市群，建设国际教育示范区，不是某一地或某几所一流的院校和专业就可以担当的。自然需要各教育机构聚三地之力，开展跨境的生源交换、师资交流、学科专长共建共享，发挥协同效应。

（三）产教融合：跨界的校企合作

就教育方式而言，职业教育区别于其他教育类型的最大特点就是工学结合，产教融合。没有产业行业企业参与的职业教育可以说是失败的、不完整的职业教育，无法体现职业教育的职业性技术性。在校企合作领域，已有许多深入的实践探索。建立产业学院、订单培养、教师学术交流、学生交流、资源设备共建共享、现代学徒制等工学结合人才培养模式。粤港澳大湾区九个城市产业各具特色，形成了一流又完善的产业配套体系，为湾区职业技术人才提供了广阔的发展天地，也成就了职业教育体系最关键的就业链条。湾区的职业教育机构与专业相关的行业、企业的合作，有利于形成高效、创新的优质的产学研人才培养链条。这样的多元主体融合的集团化办学模式，离不开不同平台之间形成"1（学校）+X（地方政府、其他职业院校、非政府组织、行业企业）"形成的多类型合作组合，就不同合作内容采取不同的合作方式达至不同的合作目的。

综上，在组织之间依赖各种合作伙伴关系共同提供公共物品处理公共事物的时代，职业教育在城市群形成、区域合作的背景下，也体现出职业教育的合作类型多、范围广、涉及主体多元的特点。粤港澳区域的职业教育合作涉及的合作主体包括政治与制度层面政府间合作的中央政府、各层级地方政府、城市政府；校际合作中的各高职院校；行校企合作职业培训学院、行业协会、企业、研究机构等。基于不同任务的合作关系正形成纵向上政府间合作，横向上多元主体合作，以及以院校为核心的"1（学校）+X（地方政府、其他职业院校、非政府组织、行业企业）"的多类型合作组合。

当然，分类的边界并非是刚性的，合作的边界既模糊又具有弹性。政策制定不限于政府间合作，教育机构或企业行业参与与推进亦可促成相关网络关系的形成；而资源互补也绝不仅仅是院校之间的共建共享，资源依赖、互惠双赢广泛存在于达成合作意向的校企之间。因此这个合作体系随着合作网络主体的变化而形成不同的合作关系（见图1-2）。

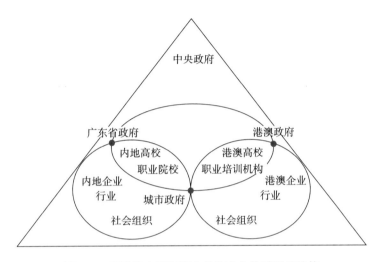

图1-2　粤港澳大湾区职业教育合作体系圈层结构

三、粤港澳大湾区职业教育合作的结构性困境

网络不仅提供了集约化生产的有效模式，同时又能有效加速组织的信息传递，促进组织的学习成长。网络中彼此相互依赖的组织各司其职又相互融合，呈现出专门化和创新性的优势，促进合作网络的形成与有效运作逐渐成为公共事务发展的新趋势。上文在理论上分析了粤港澳大湾区职业教育的合作体系的构成和类型，由各层级、各类型

的组织间合作网络组成，体现了圈层化嵌套式的结构特点。实践上，一方面，由于政府组织、管理制度及人事激励机制都以科层等级制组织结构为基础设计，这使得不同层级的组织，难以自发地形成特定目的的对等交流的合作网络；另一方面，处在不同制度框架中的组织即使自主地构建起合作关系，也很难保证合作各方的有效参与及合作网络的可持续发展。此外，就组织的性质而言，职业教育多种公私伙伴关系形成的网络，对于教育行政部门也是一种挑战。不能因私人组织的参与损害其公共价值，要协调各种资源提供有质量的教育服务与产品，而这对于习惯选择行政手段进行层级管理的政府部门来说绝非易事。

（一）政策制定与实施的合作受限于层级

层级制下，下级政府执行上级政府的政策。中央、省级的政策在内地城市可以通过行政体系及完备的政策执行链条进行有效的信息传达与政策分解和实施，但由于粤港澳大湾区跨制度区域的特殊性，港澳两地不受这个行政体系约束，三地要进行职业教育合作缺乏对话与集体行动的制度框架。其一，在粤港澳大湾区职业教育合作中，行政区划的界线使得各层级政府通常从有利辖区的角度行事和决策，难以形成通盘考虑下的整体合作目标。进一步地，在合作关系中的职责权限、角色作用尚不明确。其二，尽管已经开始有粤港澳大湾区建设领导小组之类的粤港澳大湾区建设议事协调机构，但在职业教育领域，还未建立起三地在职业教育政策上对话、谈判、协调、协商、妥协的集体选择和行动的平台，无法形成有效的统一决策。正是由于相关议事协调机构缺乏，也未建立起相应的职业教育合作常态化的运作机制。顶层设计上，编制职业教育合作规划就刻不容缓。教育部、广东省人民政府印发了《粤港澳大湾区高等教育合作发展规划》，而达成共识的资历框架、学分认证办法、涵盖三地从上至下的项目发包等也都有很多待完善的空间。总之，没有强有力的更高层级政府的推动形成制度框架与配套的合作机制，就很难跨越法域甚至行政区划的障碍，促成合作。自组织并不能独立解决职业教育供给问题，合作强调了主体的多元性，然而政府才是使合作促成并有效运转的关键。

（二）合作网络的确立缺乏确定性与可持续性

网络治理隐含自主治理公共事务的意涵，然而自发组建的合作网络组合随机，发展缺乏确定性。很多时候，为获取资源而形成的校际合作存在合而不作，纸面上的合作情况。研究指出，目前集团化办学存在校际互动合作的低效与深化困境。基于 837 名教师的调研数据表明，近 1/3 的教师跨校合作体验处于"合而不作"状态。[6] 就校际合作而言，由于组织本身的边界意识，使得不同办学水平、办学层次之间的合作存在异质性和排他性，同类组织之间又天然地存在竞争性，这使得深层次的校际合作较难实现。另外，校际合作的效率有待提高，很多时候学校将合作作为目标，可行性成了首要考虑的因素，合作院校是否有与之匹配的互补资源，是否搭建起合适的合作机制，成为不再重要的考量。尤其是在粤港澳大湾区，制度环境给校际的合作增加了难度，合作更受到政策、制度、办学实力等诸多因素的影响，合作网络的建立与发展就更存在不确定性和不可持续的担忧。

（三）缺乏圈层链接者或链接能力不足

伯特的"结构洞"理论指出个人在网络的位置比关系的强弱更为重要。个人或组织要想在竞争中保持优势，就必须建立广泛的联系，同时占据更多的结构洞。延伸到组织之间的合作网络，越是拥有占据结构洞的链接者，越易形成合作网络。在职业教育合作中，职业院校处在核心位置，作为网络构建中的主要行动者，掌握越多信息，组织之间的沟通链接能力越强，行动范围越广，其促成合作网络的可能性就越大。在职业院校与政行校企等各类主体开展合作的实践中，一方面缺乏具有足够关系网络，占据丰富结构洞，能够跨界链接资源的行动者；另一方面在促进交流合作的过程中，由于院校参与市场竞争的动力不足等，行动者的行动力、执行效率也因激励机制设计等问题难以形成有效的合作网络链接。

四、圈层合作网络的构建与运行：新的挑战

当回应粤港澳大湾区建设需求应运而生的各种合作网络出现，职业教育的发展绩效越来越依赖于各种伙伴关系以及合作伙伴承担起各自责任的程度，如何建构并有效管理一个由多层级、嵌套式网络组成的再组织化的组织结构（合作体系）成为成功的集体行动的关键。

（一）设计网络，确定圈层的类型

网络成败往往取决于最原始的设计。在讨论职业教育合作体系时，实际上讨论的是有待建设的并不存在的网络。建构网络首先要关注这个网络最终要完成的核心任务是什么、结果是什么，即确定网络结构的目标，同时按照所期望的成果调整网络设计。如前文所述，网络基于三重逻辑，要实现三重取向的目标。一是由不同政府间构建的政策制定网络；二是以院系之间合作为主体基于资源交换的校际合作网络；三是包含行政校企在内的实现最优化的职业教育多元供给的跨界网络。据此，可明确大的类型。作为重组和重构的组织类型，职业教育合作网络亦可从院校的视角，根据不同的目标，形成"1+X"的不同组合，选用不同的服务网络类型。同时，教育公共服务供给既存在不同过程主体间的合作，也存在着同类组织间的合作。这种合作的交互联结构成了教育公共服务的网络关系。[7] 参照 Agranoff 的分类，依据对责任性和灵活性的不同要求，在办学管理、学生培养、科研协同高校及创新创业联盟等不同任务中可选择性地采用服务合同、供应链、专门类型、渠道性伙伴关系、信息传播、联结交换台等合作类型。[8]

确定合作类型后，就需要选择正确的合作伙伴。每一个合作伙伴都非常重要，只有各组织提供的资源比某一组织或政府单独提供时更

为有效才是合适的选择。如果要提供一种技术性服务，如构建产学研合作网络促进职业教育的专业性，那么就需要寻找资质优良的"供应商"，如名校、最知名的企业、资源丰富的研究团队等。如要促进职业教育的资源共享，则需要寻找资源既能互补又能相互促进的同类型合作伙伴。

（二）充分发挥政府的集成者角色

网络研究中的"跨界链接者"（Boundary Spanners）指发起和创建组织网络的中介角色，是处于网络结构中起着主导作用，影响组织间网络形成的关键行动者。[9] 由于权限与激励机制的问题，各主体并不能自主地形成网络，或者仅是碎片化的简单的两个组织之间的合作，难以形成联盟。重组网络、新建网络都需要有力的发起人或链接者，在区域发展和跨政府、跨部门合作中，扮演链接者角色的组织就被称为链接组织。通过链接组织的联系、沟通和协调，使得合作网络中的组织具有了连续性的沟通与合作，稳定和重复的集体行动。政府治理的领域，链接组织通常体现为领导小组、委员会等议事协调机构，这类机构处于合作网络的中心位置，并依靠机构的制度安排与组织运行规则发展出共同规范，以此增进组织间的互信互惠，巩固和加强组织间的连接关系。

对于跨制度区域的网络，中央政府无疑是最强有力的集成者，粤港澳大湾区规划就是运用国家政策链接相关主体和资源的顶层制度设计。职业教育领域具体的政策框架与执行项目也需要各级政府成立领导小组、委员会等议事协调性组织，完成新型的网络集成者角色，链接行业企业、政府与学校，或者利用更具相关经验或能力的专业性"中介组织"进行链接。尤其要有国际合作的高度，要对湾区职业教育进行全局性和系统性布局。围绕粤港澳大湾区职业教育的战略需求和学科前沿，充分发挥基于国际合作的专家咨询委员会等智库的作用和决策建议功能，做好职业教育国际合作的宏观谋划。

（三）发展组织间的关系管理

非政府组织、企业甚至其他政府部门都是网络结构中的行动者，它们各自保持对自己资源的控制，但它们如何在同一网络中共同决定资源的使用呢？无论是达成共识还是共同决策，都是组织间的相互作用形式，在"无序"状态下是无法进行的，只有成立制度化的协调组织，建立常态的沟通渠道，形成有效的合作机制才能保障合作秩序，使合作在既定的制度框架下得以进行。

特别要留意的是，职业教育的主体高职院校面临网络关系治理、契约治理的挑战。高校联盟、集团化办学、扩招、"1+X"项目等都需要建立新型的网络治理安排，有协作有监管，在保证教育服务质量的基础上进行合作。在公共服务与物品的供给中，有多种不同的制度安排，如政府间协议、校企合作协议、政府出售、合同承包、项目发包、补助、特许经营、自由市场、志愿服务等，协作方式各异，主要依靠协议合同来实现多样化的职业教育服务和产品供给。但问题是，高职院校仍然是以传统的行政手段为治理方式，在合作网络关系中的处理缺乏经验，仍处在探索实践期。因此，如何有效地进行合作网络的管理，在实现合作各方诉求的前提下，遵循契约精神，又不损害公共利益，都需要谨慎规范的契约流程设计与履行过程中的严格质量监管。

此外，"项目治教"已成为国家和地方政府推动高等职业教育发展的主要形式。维护和发展合作网络，组织专项项目的设计与发包不可或缺。项目强调目标和绩效，并提供了同一网络中的组织为了共同目标而统一行动的载体。项目的竞争性、资源聚集性也提高了合作效率。研究指出，组织间关系治理与契约治理研究成果有待在项目情境中得到检验与发展。[10]

总之，在职业教育合作体系的圈层网络中，存在多种形态的合作网络，合作网络之间的交互作用、联结、一体化等可以汇聚资源，提升职业教育服务供给的能力。但如何维持和进一步发展密切的合作关系，更需要教育管理者用网络结构分析的方法，明确网络类型，发挥集成者作用，做好组织间关系管理，在广泛认可的协商机制和强有力的操作工具下，迎接新时代粤港澳大湾区职业教育协同发展的挑战。

参考文献

［1］戴维·H. 罗森布鲁姆，罗伯特·S. 克拉夫丘克. 公共行政学：管理、政治和法律的途径［M］. 张成福等，译. 北京：中国人民大学出版社，2002.

［2］张福磊. 多层级治理框架下的区域空间与制度建构：粤港澳大湾区治理体系研究［J］. 行政论坛，2019（3）：95-102.

［3］尤金·巴达赫. 跨部门合作——管理"巧匠"的理论与实践［M］. 周志忍，张弦，译. 北京：北京大学出版社，2011.

［4］Perri. Joined-Up Government in the Western World in Comparative Perspective：A Preliminary Literature Review and Exploration［J］. Journal of Public Administration Research and Theory，2004，14（1）：103-138.

［5］张继亮，熊瑞涛. 多层级制度框架下的空气污染治理：印度的实践与启示［J］. 天津行政学院学报，2019（2）：88-95.

［6］张晓蕾，王英豪. 从"合而不作"到"合作共赢"：对我国校际教研共同体中教师合作现状的探索性分析［J］. 教育发展研究，2017（24）：14-20.

［7］李彦荣. 区域教育公共服务组织间合作网络的构建［J］. 教育发展研究，2012（21）：76-80.

［8］罗伯特·阿格拉诺夫，迈克尔·麦圭尔. 协作性公共管理：地方政府新战略［M］. 李玲玲，鄞益奋，译. 北京：北京大学出版社，2007.

［9］李妮. 终身教育服务供给中的跨界合作——论地方电大的"链接者"角色［J］. 广东开放大学学报，2016（1）：8-13.

［10］骆亚卓. 项目契约治理与关系治理研究现状与评述［J］. 学术前沿，2017（24）：104-107.

第二篇

教育主体间的合作：关系与角色

❋ 跨域的校际合作何以可能：基于资源依赖的视角
❋ 高职协同育人的战略性伙伴关系构建：一个校企合作项目的实践
❋ 终身教育服务供给中的跨界合作——论地方电大的"链接者"角色
❋ 高职教育与社区教育协同发展的案例：问题与构想

跨域的校际合作何以可能：
基于资源依赖的视角①

内容提要　当两个教育主体跨越不同行政区域甚至不同法域与制度范畴，这样的校际合作何以可能？从组织间关系的角度出发，在资源依赖理论的框架下，分析粤港澳大湾区职业院校进行跨域校际合作的案例。研究发现，作为组织间合作的弱势方，在合作的二元关系中，存在资源的不对称依赖、资源的重要性不够、可替代性程度高、组织行动能力不足、交易成本过高等困境。通过寻找跨界链接者、组建联盟、求助政府、提高行动能力等管理策略或可改变资源依赖关系，提高组织应对环境的能力及行动的确定性。

2019 年 2 月，国务院印发《粤港澳大湾区发展规划纲要》（以下简称《规划纲要》），将粤港澳大湾区的发展放在了国家发展大局的重要战略位置，明确提出发挥粤港澳综合优势，深化内地与香港特别行政区、澳门特别行政区的合作。同年 7 月，广东印发《广东省推进粤港澳大湾区建设三年行动计划（2018—2020 年）》，谋划了推进粤港澳大湾区建设的重点任务，阶段性目标包括推进港澳高校到大湾区内地合作办学，配合国家编制实施粤港澳大湾区构建现代产业体系专项规划，共建合作发展平台。无论是作为构建现代产业体系的重要一环还是作为高等教育的重要组成部分，粤港澳大湾区的职业教育合作

---

① 本节主要内容曾以"跨域的'校际合作'何以可能：一种组织学的视角——基于粤港澳大湾区职业院校的实践案例"为题发表于《中国职业技术教育》2020 年第 34 期。

都是粤港澳大湾区建设的重要一环。

一、问题的提出

现有文献不乏职业教育合作的讨论，职业教育要求的产学研一体化、工学结合、产教融合本质包括政府、学校、企业、社会组织、行业协会等多元的职业教育主体之间的协同合作。不过，这些合作的讨论多是在同一行政管辖范围内，如某个城市区域内的校企合作，这里的合作涉及跨界但并不涉及跨域。职教联盟的讨论涉及跨域，跨不同行政区域，甚至不同城市。研究指出，目前国内职教联盟的形成仍是以学校主导型为主，也就是由某高校引领的同一城市不同学校之间或是与相邻区域兄弟院校之间的合作，乃至包括与行业协会之间的联盟。对京津冀职教联盟或广东省"一带一路"职教联盟等研究指出了目前集团化办学的一些问题，如政府主导性不强、联盟关系松散、牵头单位缺乏组织力等，研究者从不同理论视角提出了改善建议，如构建政府、学校、企业"三位一体"的发展路径[1]，或是构建基于生态位理论的职教联盟运行机制[2]。不过此类研究多是规范分析，极少有基于具体实践案例的实证研究。也就是说，具体到职业教育的高校间的合作并不如校企合作的讨论那么深入。

然而，高校联盟是高等教育的重要组织形式，校际合作是研究教育主体间关系的基础。职业教育领域的校际合作究竟如何？尤其是当两个教育主体跨越不同行政区域甚至不同法域与制度范畴，这样的合作何以可能？关于校际合作的研究相对比较碎片化，如谈德育管理的跨校合作，或讨论跨校选课、跨校构建专业教学团队等，这类研究多为对策性探讨，主要目的是根据实践提炼经验做法。既不涉及跨域，也未从组织间关系出发来分析合作动机、合作的行为逻辑等。综上，职业教育的合作缺乏从组织间关系出发的实证研究。此外，粤港澳大湾区是个跨法律制度、含不同行政体制、涉及不同行政层级的特定的政治地理区域，其校际合作更具有其特殊性，对合作关系的探讨更需要从具体实践出发的案例研究。

本节从粤港澳大湾区内地城市高职院校的角度出发，以具体的跨域校际合作案例切入，基于资源依赖理论的分析框架，梳理组织间合作的组织环境与合作困境，并提出改变组织间关系的管理策略。本节希望呈现跨域校际合作的现状及其限度，为理解跨域的校际合作提供基于组织理论的思路。

二、资源依赖与组织间合作

资源依赖理论是讨论组织间关系的经典组织理论。20 世纪 60 年代，跨国企业的兴起激发了人们对组织与环境关系的探讨，由此促进了组织理论的发展。为应对持续变化的环境带来的不确定性因素，企业通常通过与其他组织保持协作，交换资源，互益互补，以此获取竞争优势。简言之，合作始于组织间资源的依赖。研究指出，"当组织面临资源交换与外部竞争环境不确定时，组织倾向于与外部竞争环境中重要生产要素进行联结……企业以组织间合作来取得维持生存的必要资源，组织间因资源互补而寻求合作"[3]。组织间协作是由于组织资源需求的扩展和竞争优势提升的需要，组织在自身资源和其他单位的有用资源之间建立的战略性的联结。[4] 如果要给组织合作下定义的话，即两个或两个以上的组织（主要以企业组织为研究对象）通过沟通协商、资源共享、共同决策等方式相互获取信息、资源和技术，共同提高组织竞争力的一种组织间的关系模式。

资源依赖理论实际上是一种观察组织间关系的视角和概念系统，它对于公司兼并和董事会关联这些现象提供了一种经济学之外的解释，它的三个核心观点解释了组织如何管理同其他组织的关系。首先，区别于对领导作用的强调，资源依赖理论认为实际上组织的许多行为是针对其他组织所做的反应；其次，组织可以运用桥联机制等策略管理组织之间的互依关系，追求自身利益；最后，也是最重要的，资源依赖理论认为权力是理解组织对外行动的重要因素。此处的权力是爱默森所指特定需求和资源的函数，并不是一种通用能力。费弗将运用到个体行动者权力关系的概念，从个体分析的层面提高到组织层面，强调权力、获取权力是资源依赖理论的标志。简单而言，"资源依赖—权力不平等"就是讨论组织间依赖关系的框架，即组织相对另一个组织的权力会因其提供的资源的重要性和这种资源的可替代程度不同而不同。由于资源依赖导致的权力不平等，促使弱势组织通过各种策略来改变资源依赖关系，来提高组织应对环境的能力及行动的确定性。这种策略引入一些外部约束，如开发和保持备用渠道（相对原有合作组织），给予外部团体一定权力位置，组建联盟等降低依赖的程度。也就是说，资源依赖关注的实际上是组织行动背后的动态权力关系。[5]

将资源依赖理论运用到澳门特别行政区与内地城市两校的校际合作案例，其恰适性在于：一是《规划纲要》对三地经济社会发展提出了新的要求，也形塑了新的制度环境，两地职业教育主体必然要应对新的时代与环境变化，组织间关系管理是必须也是必然。二是资源依赖关系聚焦于组织间双向关系，或者说组织间二元关系的讨论。而本节正是针对研究对象澳门特别行政区与大湾区内地城市两所学校之间的校际合作进行探讨的，属于组织间双向关系的讨论。三是资源依赖理论站在弱势组织的立场，关注组织间因资源依赖导致的权力不平等和如何通过改变资源依赖关系、吸收外部约束等来降低对环境的依赖程度以增强自身权力的策略。而这一研究立场与本节相契合。对粤港澳大湾区内地城市与港澳地区高等教育主体的比较研究显示，两地生源多寡悬殊，产业支撑的水平和结构各有优劣，就业容量有别，教育的国际学术声誉各有强弱。[6] 也就是说，两地的职业教育也存在极大的不对等，两校的权力关系自然是不对等的，而权力是影响组织间协作行为的关键因素，有必要从合作组织间的资源依赖、权力关系出发，探讨其行动策略的选择及其成效。正如斯科特在《组织理论》一书中所言，在任何存在权力的地方，都可以运用资源依赖理论。

鲍威尔也指出，在非营利和公共部门中，组织间管理日益转换为合作性联盟，由此提高组织竞争力和效率。[7] 也就是说，企业之外的包括学校在内的公共组织，也日益趋向于依赖组织间协作关系，这种关系带来的效果是市场机制与科层机制无法达成的。区别于关注企业的分析，本节将从更一般意义上（包含企业、非营利组织、政府机构在内的各类组织）分析组织间资源交换关系。资源依赖理论的经验研究指出，变化的环境与政策也会导致组织管理相互关系的方法变化。组织通常在保证自主地位并确保获取关键资源的前提下，采取对自己约束最弱的结构。本节将运用上述假设与分析概念，对于校际合作行为及成效给出一种组织学理论的解释。需要特别指出的是，特别的制度环境对于合作的约束，为研究组织间关系引入了新的变量。

三、案例：Z、U 两校国际教育创新园合作项目

粤港澳大湾区包含香港特别行政区、澳门特别行政区和广东省广州市等九个城市。合作主体之一 Z 校为珠三角 M 市的公办高职院校，U 校为澳门特别行政区一所近几年发展迅速的私立综合性大学，两者均为有独立法人资格的非营利性组织。

（一）合作缘起

1. 政策导向下组织的积极应对

2011 年全国"两会"期间，广东省人民政府和澳门特别行政区政府在北京签署《粤澳合作框架协议》。该协议涉及九大产业的全面

深化合作，其中提到"积极探索扩大自主协商范围，全面拓展会展、旅游、文化、教育等领域的合作，促进两地经济和社会融合发展，提升优质生活水平"。此时，毗邻澳门特别行政区的 Z 校发起与澳门特别行政区学校的合作，既是贯彻落实粤澳合作《内地与香港关于建立更紧密经贸关系的安排》（*Closer Economic Partnership Arrangement*，CEPA）协议"拓展教育领域合作"的要求，更是政策指引下组织面临挑战与机遇的自主应对。此外，这一举措同时回应了贯彻落实教育部《高职教育创新发展三年行动计划》"引进境外优质资源"项目要求。

2. 高位推动下组织的绩效冲动

时任 M 市委领导对学校提出了"特色化、品牌化、国际化"的办学要求，要求学校积极走区域化、国际化合作之路，努力成为国际化合作办学的试验区。这既是对学校办学的期望，也是学校决策者要完成的政治任务，自上而下的政绩压力也促使学校在合作办学上做出成绩。M 市委、市政府《关于促进高等教育发展的若干意见》明确提出了"改革创新发展"要求，职业教育的跨域合作正是 Z 校对此要求的回应。

3. 后发职业院校提高办学实力的内在要求

近年来，国家对职业教育的重视，各种强校工程与建设项目的出台，都倒逼学校不断深化内涵建设，提高办学水平。实际上，职业教育合作亦是贯彻落实学校创新强校工程实施的具体内容，借助这些合作项目来提升学校综合办学实力。

（二）合作的进程及其成效

Z 校与 U 校于 2015 年签署了两校合作框架协议，两校拟合作建立国际教育创新园。2016 年，两校正式签署合作备忘录并举行揭牌仪式。合作进程见表 2-1。

表 2-1　Z、U 两校合作进程

年份	政策背景	目标	重要事件
2015	《粤澳合作框架协议》积极探索扩大自主协商范围，全面拓展会展、旅游、文化、教育等领域的合作，促进两地经济和社会融合发展，提升优质生活水平	通过与 U 校合作建立国际教育创新园，服务两地一体化发展，成为我国高等职业教育国际化合作办学的示范教育创新园	合作共建国际教育创新园进行双方会谈并达成一致共识
2016	——	拟建立国际教育中心、国际创意园、国际高新技术孵化园、研究生研习基地	正式签署合作备忘录并举行揭牌仪式
2017	"粤港澳大湾区"首次写入国家政府工作报告	在旅游管理等专业或职教联盟、互聘教师、学生短期交流等方面开展深度合作	双方计划共同打造国际旅游文化品牌，制订了交流与合作计划
2018	习近平总书记在广东视察时要求广东深化改革开放，要把粤港澳大湾区建设作为广东改革开放的大机遇、大文章	——	——
2019	——	共同打造粤港澳大湾区内旅游服务职教国际品牌，整合大湾区内外以及国内外旅游服务职教资源，建立师资、协会、基地等共用资源库等	依托"国际教育创新园"项目，双方共同牵头成立"大湾区旅游职教联盟"，二级学院签订协议
2019	《粤港澳大湾区发展规划纲要》全文正式对外公布		
2019	——	——	双方就建设职教合作示范高地交换意见

查阅建立国际教育创新园的内部资料可以感受当时的决策者对此

合作项目的高期待。方案中合作的目标明确，内涵丰富。在建设目标上，将国际教育创新园建设成我国高等职业教育国际化合作办学的示范教育创新园。建设内容上，包括打造研究生研习基地、专本连读、师资培训、国际创意园、技术孵化园等合作项目。组织结构设计上，也拟用理事会的管理和决策形式，设置管理委员会对园区进行管理。

经过几年的协调、会谈、磋商，真正达成合作的标志性事件有以下两件：2016 年，两校合作共建"国际教育创新园"，正式签署合作备忘录；2017 年，计划共同打造国际旅游文化品牌，制订了相关的旅游文化交流与合作计划，并最终于 2019 年由双方的（二级学院）签订了旅游教育合作协议，拟在旅游管理等专业就职教联盟、互聘教师、学生短期交流等方面开展深度合作（见表 2-1）。利用 U 校美国饭店业教育协会会员单位的优势，培养 Z 校相关专业老师和学生获得国际旅游资格考证；2016 年起，Z 校报读 U 校的博士生激增，合作为 Z 校培养了一批博士研究生。

但从最初的合作设想来看，成效并不理想。首先，当初设想的大部分内容并未实现，很多设想还停留在"拟建"的层面。其次，目前开展的合作方式较简单，不够深入全面。双方的合作从学校层面退缩到二级学院某专业的层面，如凭借 U 校在旅游专业国际地位与优势，为 Z 校师生的国际考证提供支持；或是 Z 校大力倡导师资能力提升，为 U 校提供了博士生源。最后，合作的进程缓慢，动力不足。两校之间的互动交流还不成系统，联系交流呈现碎片化特征，也未形成常态化的合作机制，合作难见成效。

四、合作困境的分析：组织理论的视角

权力不平衡会导致组织之间的排斥，共同依赖则会导致组织之间的联合。[8] 研究者对资源依赖进行了许多深入的实证研究，依赖的不同状态影响合作的成效。

（一）双方资源的不对称依赖

经典资源依赖理论的研究者区分了依赖的不同形态：不对称依赖和共同依赖。案例中，两校之间的依赖关系更多的是 Z 校对 U 校资源的依赖。两校合作的现实基础是培养层次不一，招生多寡悬殊。Z 校是内地城市的高职院校，培养专科层次学生，U 校为本科院校，主要培养硕士、博士层次人才，两校在办学规模与能力上有着质的差异。由于教育体制和人才培养层次有差异，Z 校毕业生无法升读 U 校本科专业，专升本、专升硕教育衔接渠道不通。这使 U 校无法运用 Z 校的生源资源，合作被局限在专业教育的领域，如合作共建优势专业或该专业师资交流。然而，就职业教育而言，澳门特别行政区没有单纯开办职业技术课程的学校，同时开办普通文法和职业技术课程的有 3 所公立学校、8 所私立学校。[9] 澳门特别行政区职业教育虽然与本地产业结合紧密，但领域极为狭窄。换句话说，Z 校与 U 校能对接的专业并不多，主要集中在旅游专业。然而，尽管澳门特别行政区的大学和学院从数量和质量上均落后于香港特别行政区，但澳门特别行政区的旅游教育等学科专业水平在亚洲乃至全球都位于前列，即 U 校的旅游管理专业的国际学术声誉远远高于 Z 校。组织之间的合作是期待利用双方的专业知识、技术、管理能力、组织规模、市场能力等资源价值，创造价值增值。在这里，更多的是 Z 校依赖 U 校的专业声誉资源，依靠 U 校为 Z 校师生在旅游专业的国际职业资格认证上获得支持，为 Z 校教师学历提升攻读 U 校博士学校取得便利。两者之间更多地体现为 Z 校对 U 校的单向依赖。

（二）资源的重要性与可替代性

一个组织对另一个组织的依赖程度取决于 3 个要素，即资源的重要性、使用资源的自主性、替代性资源的获得性。在校际合作中，U 校在人力资源上占优势，师资互聘中 Z 校的专业老师没有能力匹配

"互聘"的能力要求；在专业性上占优势，旅游专业具备国际竞争力；U校作为发展迅速的澳门特别行政区境内综合性大学，办学声誉日盛。可以说，U校在合作关系中占据最核心的资源。Z校为U校可提供的潜在资源是提供U校在内地开设研究生班所需办公及办学场地以及潜在的生源。U校希望将招生的宣传窗口延展至与澳门特别行政区毗邻的大湾区内地城市，缓解U校办学场地所限带来的发展限制。不过，Z校并非毗邻澳门特别行政区唯一的高校。与U校培养层次类似的高校，有刚迈入"双一流"中的一流学科深圳大学，佛山的佛山科技学院和东莞的东莞理工学院也进入广东省高水平理工高校建设之列，东莞理工学院与国外高校设有中外合作办学机构，珠海也有北京师范大学跟香港浸会大学联合国际学院。就旅游专业而言，Z校也并非所在城市唯一拥有此专业的高职院校。通常，合作办学选定办学场所时具有办学规模、层次、专业相近等要求，作为公立院校的Z校，在办公场地的使用上，其自主性也受限制。因此，场地资源的可替代性相当大。资源的可替代性越强，对组织关系越缺乏约束，这也是双方合作关系迟迟未有实质进展的关键之一。

（三）行动者的行动能力有限

资源依赖框架下的权力关系意味着组织间不平等的协商关系。这种协商关系随着行动者拥有的权力改变而变化，随着权力格局的变化而变化。这里的权力指职权、专业稀缺性、知识的垄断等，显然上文资源依赖的关系显示了U校对Z校在资源上的优势。但权力还指组织对环境的控制能力、对组织规则的利用能力等，倘若行动者能积极地对环境进行主动的控制，积极利用组织规则以及信息不对称等策略，也有可能赢得与己有利的优势地位。不过，Z校却错过了为U校提供教学科研场地的合作先机。在规划提出的2017年，也就是Z校与U校首次会谈达成共识的第三年，珠海市政府在横琴为U校提供了教学科研场地。U校与横琴·澳门青年创业谷共建创业研习基地签约。2019年，珠海积极推进与U校的合作办学事宜，珠海市政府也与U

校基金会签署合作备忘录，计划合作培养中葡双语人才，拟设立中葡联合研究生院等。我们知道，组织间关系的本质可以是合作的也可能是机会主义的。当行动者改变组织间不平等关系的能力有限，太过被动，无法更快地适应合作环境的变化，那么，很可能这种合作就是机会主义的。当更具主导性更强势的合作替代者出现，持续深入的合作将越加困难。

（四）交易成本过高

威廉姆森指出，所有可以形成契约条款的问题都可以从交易成本的角度考虑，所有的交换关系都属于它的范围。交易成本不仅是研究经济组织的核心，如今也越来越广泛地用于包括政府组织在内的各种组织间关系研究。科斯指出，交易成本的本质是与交易有关的制度的运行成本，交易成本实际上有可能占到交易活动的全过程。Z 校与 U 校两校处在不同的社会制度与教育体制中甚至不同的法域，课程学分无法互认，交换生安排有困难，学生专升本也有障碍，科研成果分享转化不易。也就是说，双方达成契约不仅是市场机制可以解决的问题，更多的是还需要解决制度机制的问题。而这个问题就不是在两所学校层面通过谈判、协商、履约等可以解决的范畴。威廉姆森认为，交易的不确定性越高，交易成本就会越高。上述问题使双方合作的交易成本过高，可能的矛盾与风险也更多，合作难以达成。

因此，从表面上看，双方的合作进展缓慢缘于项目至今并未成立专项团队，项目的推进衔接不通顺，有战略顶层设计，但具体协调等事宜并未得到有效落实，U 校对接人员变动频繁等。但实质上，合作项目进度不及预期的原因在于合作伙伴之间资源的不对称依赖，组织资源的兼容性不高、互补性不够，交易成本过高以及行动者主动把握环境的意识和能力不足。

五、何以可能：促进跨域校际合作的思考

在"资源依赖—权力不平等"的框架里，合作一方更强势，则合作关系越脆弱。弱势组织总是运用策略与技巧在尽量保持管理自主性的同时，通过吸收外部约束，改变资源依赖关系，获得尽可能小的对外依赖度和尽可能大的确定性。从资源依赖的角度而言，主要的关系管理策略包括三大类：一是通过开发和保持备用渠道、合并或兼并的方式改变组织的依赖关系；二是通过给予外部组织一定权力位置（如董事会成员），或组成合资企业、组建联盟、组织协会等搭建集体行动的框架，创设协商一致的环境；三是通过政治参与，影响制度安排，主动改变制约合作的制度环境。[10]

（一）策略一：寻找链接者

在不对称关系中，依赖程度较高的一方需要运用各种共同决策增加资源，减少不确定性。交叉董事、跨界链接者、组织关系经纪人这样的角色就显得极其重要。Z 校需要积极寻找和挖掘此类角色。在网络组织研究中，跨界链接者在网络结构中起着主导作用，扮演着中介角色，是影响组织间网络形成的关键行动者。正是他们去联动横向或纵向的组织、推动各种合作模式的形成，促进了组织间资源的优化配置。[11] 对美国大学和中小学合作中的跨界人士进行的研究显示，跨界者作为关系网络的解释者与沟通者，在实现共同愿景、形成伙伴关系、搭建桥联机制上发挥了重要作用。他们活动于组织周围，从外界环境搜集信息，联系组织本身与外界环境，发挥监管与交换的作用。Z 校需要挖掘对两校的历史与发展情况，能在不同的制度环境与文化背景中游刃有余地参与合作的链接者，行使合作项目的召集、组织与联络的责任。研究指出，这类"伙伴关系促进者"，以伙伴关系常务

理事、教学中心主任、大学协调员、中小学协调员、相关委员会主席和任务小组领导为典型代表。[12] 他们活动于组织的周围或边界，联系组织本身与外界环境，主要承担从外界环境搜集信息以及降低组织周边环境不确定性等职责。

（二）策略二：组建联盟

组建联盟是指通过合约协调和共享知识或资源，在多个组织间建立关联的集体行动的框架。弱势组织以此将组织间的二元关联变为多元关联，应对自身资源不足的境况。Z 校作为规模不大优势不够明显的职业院校，需要借助其他组织的力量，依托新成立的协调型联合组织，来重构组织之间彼此的互依关系。比如说，促进职教联盟的组建。相对澳门特别行政区比较单一的职业教育体系，Z 校所处的广东省已形成了一个等级完备、机构繁多的职业教育体系。包括归口广东省教育厅或各地教育局的应用型本科院校、高职院校、中职中专学校，还包括归口人力资源和社会保障部门管理的技工院校等。专业繁多，规模较大，且技工院校的学生在世界技能大赛中表现优异、享有盛誉。Z 校可先从专业上的联盟着手，联合这些不同层级、拥有差异化资源的职业教育主体，组建旅游管理专业的教育教学联盟组织。在此基础上，促进更大领域内的联盟组织的形成。这种同盟将行业协会、其他教育教学机构纳入，通过正式的合作机制形成频繁和反复互动的关系，将对组织面临的环境产生新的约束，获得更确定的互动。正如网络组织的研究所显示的，每一个区域组织都应寻求或支持建立高质量的跨组织网络——联盟网络，以提高它们的网络资本。

（三）策略三：求助政府

"一国两制"、多层级政府、多元职业教育主体的特征决定了粤港澳大湾区的职业教育合作势必是一个多层级、多元治理主体之间互动以及众多政策工具共同协作的制度性集体行动。Z 校所处的 M 市与 U 校所处的澳门特别行政区，两者之间无相互的管辖权，处在不同社会制度、不同行政区域，要从根本上解决合作困境，需要借助国家权力。所谓借助国家权力，就是依托更高层级政府的行政权力，改变组织之间的依存关系。只有政府才具有对其他组织的管辖权，可以制定游戏规则。毕竟，就高教联盟的成效而言，仍然是政府主导型的最为见效。同时，在这样特定的地域空间，两者之间的合作需要诉诸到更高层级的政府支持，案例中所指合作项目"国际创新园"的宏大意旨与内涵，并非个体的学校努力可至。脱离政府支持下的两校合作，政策障碍过大，交易成本过大，成效难显。在此，笔者想要说明的是，组织并不是只能被动接受法律，可以向上诉求，促进特别项目的立项，促进协调跨组织行为的组织的建立，如积极推进在省级政府的重点工作规划中设置特别的项目，推动合作。总之，在粤港澳大湾区这个特定地域空间，层级控制可能比市场机制更为有效。

（四）策略四：提高行动能力

无论上述何种策略的实施，都是组织行动能力的体现。组织行动力尤其体现在环境变化时，抓住机会获取资源优势的能力。Z校属公办高职院校，在学校管理上有着天然的行政化倾向，受自上而下的行政制度的制约，行政效率不高。在这种环境下，要在跨域的校际合作上有所突破，决策者必须有强烈的成就动机与创新意识，勇于把握机会，创造条件，协商与己有利的优势地位。可以从一些具体项目和专项计划中借鉴经验，逐步突破。例如，"迈向顶尖大学计划"和"跨国顶尖研究中心计划"的研究提供了政府在跨校资源整合、实现领域互补方面发挥指导作用，鼓励跨领域合作，发展特色研究，制定短期及长期目标等实践经验。[13] 跨校专业教学团队的组建可参考目标明确、专业相近、结构合理、规模适度、合作共赢的原则。[14] Z校目前可以基于专业，以旅游管理学院开展合作为重点，着力推动"旅游职教联盟"，在此框架下探索国际旅游资格考证及"1+X"证书试点，推进该专业产教融合示范实训基地的建设，以试点项目为抓手促成合作意愿，建立利益共享机制，在校际合作上取得重大突破。

六、结语

资源依赖理论的前提是，任何组织即使是资源较为丰富的组织也不可能孤立存在，都需要不断地进行资源交换。弱势组织要善于挖掘资源，巧用各种关系管理策略，保障自身控制权，规避依赖劣势，形成相互包容、互惠共享的合作机制。《粤港澳大湾区规划纲要》指出，支持粤港澳高校合作办学，鼓励联合共建优势学科、实验室和研究中心。鼓励三地高校探索开展相互承认特定课程学分、实施更灵活的交换生安排、科研成果分享转化等方面的合作交流。粤港澳大湾区的高职院校应抓住这一契机，选择好合作伙伴，管理好组织间关系，以实现资源互补，协同发展。

参考文献

[1] 李作聚. 京津冀协同发展视域下职教联盟的内涵、现状及路径 [J]. 教育与职业，2017（18）：14-19.

[2] 周小春，董平. 粤港澳大湾区职教联盟运行机制及发展策略研究 [J]. 成人教育，2019（7）：80-84.

[3] 罗珉. 组织间关系：界面规则与治理机制 [J]. 中国工业经济，2006（5）：89.

[4] 黄春萍，赵晓静，陈冰. 国外组织间协作研究评述与展望 [J]. 管理现代化，2019（1）：120.

[5][9] W. 理查德·斯科特，杰拉尔德·F. 戴维斯. 组织理论：理性、自然与开放系统的视角 [M]. 高俊山，译. 北京：中国人民大学出版社，2011.

[6] 陈伟，郑文. 粤港澳大湾区教育合作的现实基础和实践理路 [J]. 华南师范大学学报，2019（6）：67-72，192.

［7］田永贤. 公共服务供给的组织间合作网络［J］. 东南学术，2008（1）：88-94.

［8］邱泽奇，由入文. 差异化需求、信息传递结构与资源依赖中的组织间合作［J］. 开放时代，2020（2）：182.

［10］王爱华. 基于互联网平台的公益跨界合作：过程、机制与风险——以腾讯"99公益日"为例［J］. 公共管理与政策评论，2019（1）：68-77.

［11］李妮. 终身教育服务供给中的跨界合作——论地方电大的"链接者"角色［J］. 广东广播电视大学学报，2016（1）：8-13.

［12］张晓莉. 美国大学与中小学合作中的跨界人研究［J］. 比较教育研究，2013（2）：47-51，68.

［13］杨凌春，周辉. 台湾地区推动高校协同创新的模式及经验［J］. 科技管理研究，2013（1）：102-106.

［14］赵玲珍，王一曙. 资源共享视角下跨校构建专业教学团队平台的研究［J］. 中国职业技术教育，2013（11）：59-62，65.

高职协同育人的战略性伙伴关系构建：一个校企合作项目的实践①

内容提要 深度的校企合作的本质就是一种战略性协同，而战略性协同意味着主体之间形成战略性伙伴关系。战略性伙伴关系的建构是围绕利益分殊、相互融合的关系选择、关系确定、关系管理与关系发展的过程。在协同育人领域，战略性伙伴关系大致由人力资源伙伴、技术研发伙伴、师资培养伙伴、课程开发伙伴、技能教学伙伴、赛事合作伙伴及社会服务伙伴关系组成，制度化的利益分配机制与立体化的合作保障机制是稳定的战略伙伴关系制度构建的基础，战略伙伴关系的进一步发展有赖于政府在职业教育领域的创新性制度供给，以此规范和保障校企合作的实践。

一、问题的提出

"深化产教融合、校企合作"是加快现代职业教育体系建设与发展的核心问题之一，也是很多地方高职院校深感困惑的问题之一。建立基于产教融合理念的校企协同育人机制一直受到高职教育研究者和实践者的关注，并形成了许多研究成果。对文献的梳理显示，协同育

---

① 本节主要内容曾与郭江平以"高职协同育人的校企战略性伙伴关系构建——基于珠海城职校企合作项目的实践"为题合作发表于《广东技术师范学院学报》2017年第3期。

人机制研究呈现以下取向：一是协同育人机制的路径和策略探索。此类研究多从应然性角度出发，或侧重于协同育人机制的内容，提出要从利益驱动机制、沟通协调机制、权力约束机制、利益保障机制等维度入手构建协同育人机制[1]；或侧重于具体的协同策略和办法，如通过建立平台、用项目主导的方式运作[2]。二是对具体实践案例的剖析，基于实践，有所提炼，形成模式。如强调"政府主导、资源共享"的常州模式，融"高教园区、科技园区、孵化园区"三位于一体的资源开放共享平台[3]；又如武汉船舶职业技术学院提出的"兴船强校、三同四共"的政府职能部门主导、行业组织引导、学校为主体、企业深度参与的行业性高职院校协同育人模式。此外，有些研究探讨的是协同育人理念引领下的具体教学方法改革。

已有研究在高职教育必须产学研协同育人，实现跨界治理、资源共享、多元合作上已经达成共识。不过，无论从实践还是研究现状来看，离真正意义上的产教融合还有很大的距离，校企合作依然停留在形式上的跨界，深度融合的探讨空间还很大。研究中出现的各种模式，多为简单的提炼，一定理论框架下的模式与机制研究并不多见，研究呈现碎片化的状态。我们知道，基于一定的理论脉系的系统探讨有助于此领域知识的增进。本节选择战略性伙伴关系，一方面试图发展这一理论框架下教育领域的议题，丰富此方面的研究素材；另一方面希望协同育人的探讨更具系统性。此外，协同育人的重要主体——高职院校，多为公办学校，相较西方国家的校企合作，阻力更大，矛盾更多，校企之间的合作意味着公私合作，治理主体之间的属性差异决定了合作在体制机制障碍上突破的困难程度，因此两者之间如何深度融合需要更多中国高职院校的尝试以及基于这些尝试构建理论命题。

二、战略性协同与战略伙伴关系： 概念分殊及其内涵

　　高职教育的协同机制是指高职院校基于现代职教体系形成的需要，在尊重职业教育人才培养要求与高素质职业技能人才培养规律的前提下，充分发挥主导作用，为社会多元主体参与职业教育提供沟通渠道与参与平台的实现途径与方式。在经济转型时期，对高技能人才的需求与日俱增，单靠学校已无法提供优质的职业教育服务。也就是说，只有政府、企业与学校的协同共建，才是实现高职人才培养的重要条件。而构建高质量的协同育人机制，需要解读协同的核心要素，在此基础上分析其内涵与运行逻辑。

　　从协同关系出发，目标、利益、制度安排和信任这几个核心要素的不同程度组合形成了不同的协同关系类型。郁建兴对地方治理的研究认为，经过理论抽象，大致分为四种类型的协同关系：一是科层制协同；二是临时性协同；三是公私协同；四是战略性协同。在战略性协同关系中，协同各方的目标一致且利益耦合，各方均愿意付出或交换一定的资源，进行长期稳定的合作。[4] 因此，在高职育人领域的战略性协同意味着以下几个方面，一是战略目标一致，即涉及公私不同领域的参与者之间保持动态关系。这种动态关系建立在参与者具有一致性目标的基础之上，企业与公立学校之间具有相对独立的组织目标，存在一定的冲突，但可以通过战略性伙伴关系构成的战略联盟形成一致的战略目标。二是主体利益耦合，即各主体之间通过沟通、协调、妥协形成互利互惠，资源共享，利益交换的融合状态。三是制度安排互嵌，企业运行依靠市场机制，公立学校沿用行政机制，市场机制追求效率，行政机制强调程序合法化，合作企业与学校需要形成结构与机制上的互嵌，相互补充，彼此影响。四是信任纽带维系，没有

信任就没有合作，公立学校的权威性与企业的社会责任，是信任的基础，战略性伙伴关系的主体间依靠高度的信任纽带维系长期合作。

深度的校企合作本质就是一种战略性协同，而战略性协同意味着主体之间形成战略性伙伴关系。尽管战略性伙伴关系通常用来指国与国之间的合作，但其表达的基于长期建设性目标上的互利合作意涵却无二致。借鉴国际关系中"战略伙伴关系"的概念及意涵，本文所指战略性伙伴关系即建立在相互认可、共同谋求发展、开展合作的基础上，主体利益耦合，制度安排互嵌，追求一致战略目标的共建共享、互利互惠关系。战略性伙伴关系的构建是形成各主体间战略性协同的前提和基础，更是开展协同的核心内容。

三、校企协同育人的战略性伙伴关系构建：MK-HC 职业学院合作项目解析

（一）协同育人战略性伙伴的选择

选择合适的合作企业是构建协同育人战略性伙伴关系的前提。HC 职业学院选择的 MK 智能科技股份有限公司（以下简称 MK 公司）具备以下特点：

1. 属行业典型企业

MK 公司是国家高新技术企业，是全球专业的"云管端控"一站式方案提供商及数字电视内容服务提供商，也是国内大型家庭智能融合终端成套产品出口商之一。在 HC 学院所在城市，属于典型的重点大型电子信息类企业。选择这类企业，既有长期用工需求也有技术服务实力，而这是建立伙伴关系的基础。

2. 具较强社会责任感

MK 公司决策层认同职业教育的社会价值并能够深刻理解，具有

较强的社会责任感，参与职业教育领域人才培养意愿较强，同时企业从人力资源战略层面出台了明确的人才培养规划，将校企合作发展规划纳入其中。

3. 空间优势显著

MK 公司与 HC 职业学院所在地属于同一行政区域，地理位置相对较近，便于双方的互动沟通。

4. 有较好的教学生活条件

MK 公司有与学校一样的生活设施，也有很好的教学设施与环境。

（二）协同育人战略性伙伴关系的确立

战略性伙伴关系意味着校企的一体化合作关系，即合作关系上升到战略层次，组织间关系稳定，能够采用联合行动来共同实现培养高素质技术技能人才的共同目标。在战略性伙伴关系确立阶段，首先要明确组成战略性伙伴关系的各种伙伴类型及其由此发生的支撑项目，同时出台具体的实施策略。

表 2-2 是对战略性伙伴关系的具体组成的类型化处理，也就是说在协同育人领域，战略性伙伴关系大致由人力资源伙伴、技术研发伙伴、师资培养伙伴、课程开发伙伴、技能教学伙伴、赛事合作伙伴及社会服务伙伴组成。上述伙伴关系并不存在严格的分殊界线，都是协同育人战略关系的重要组成部分，彼此既相互勾连又相互促进。类型的划分旨在从多角度说明各种合作关系在协同育人中的作用，人力资源伙伴关系是协同育人战略目标达成的基础，学校为企业提供优质的人力资源是企业最大的合作动力；技术研发是企业开展协同育人的重要目标；师资培养是学校开展协同育人的重要目标；课程开发与技能教学伙伴关系体现了双方合作的主体内容，也是资源共享的方式和手段；赛事合作与社会服务促进了合作双方社会声誉度的提升，既是校企协同育人的内容，也是协同的产物。在这些伙伴关系中，各方参与者的行动方式由目标的一致性、资源投入、决策权限和信任度等要素的程度所决定，因此若希望达成合作关系的深化与稳定，需要就支持

伙伴关系的具体项目明确这四个要素的方向与程度。

表 2-2　MK-HC 战略性伙伴关系的组成

战略性伙伴关系的组成	支撑项目	具体措施
人力资源伙伴	MK 冠名班订单培养	本项目学生在企业进行专业实践与顶岗实习，授课教师由双方共同担任，企业提供假期勤工俭学机会
	现代学徒制项目	为企业稳定优秀员工、招聘优秀人员提供支持
技术研发伙伴	成立数字音频技术工艺与产品开发中心	公司研发人员带动专业教师合作组建
	组建数字音频技术研究开发团队	
师资培养伙伴	设立 HC 职业学院 MK 电子技术技能专家工作室	申报高层次技能型兼职教师特聘岗位专项经费、省级技能大师工作室
	建立电子技术类双师型教师培训基地	学历教育+企业实训，双培养
课程开发伙伴	针对 MK 产品线的职业岗位、素质要求，进行基础电子实训等课程的教学改革	参考企业岗位标准、技术规范、作业规程等进行课程教材开发
	校企合作教材开发	开发电子信息技术类校企合作教材，争取成为国家"十三五"规划教材
技能教学伙伴	学生校外实训基地	按照省、国家级实训基地要求建设，争取省、国家立项
赛事合作伙伴	举办 MK 电子产品设计大赛	公司根据产品设计要求提供赛项方案并提供奖励经费
	合作申报国家职业技能大赛	依托企业、行业技术力量制定大赛方案
社会服务伙伴	电子信息技术社会培训	成立培训机构，向社会和周边高校合作提供电子信息技术培训服务

（三）协同育人战略性伙伴关系的管理

校企协同育人是高职持续、健康发展的必由之路，也是企业实现社会价值、精准满足企业用工需求的实现方式。而要实现深度的校企合作，稳定的嵌入性战略伙伴关系是基础，因此对战略性伙伴关系的管理不可或缺。如何激发战略性伙伴关系中伙伴之间强烈积极的协作动力？如何促进伙伴之间高度开放的资源共享？如何实现伙伴之间合理协调的利益互惠？我们认为，制度化的利益分配机制与立体化的合作保障机制是回答上述问题的关键。

1. 利益分配制度化

首先要建立制度化的利益协商平台，对于合作双方资源投入的多寡与形式、权责的界定及分配、产学研成果的分享，可以通过利益协商平台，如组建由企业、学校及第三方代表组成的合作理事会，形成会议制度，讨论合作中的重大决策。HC 职业学院建立了校企合作委员会，由校企双方负责人、政府有关负责人和有关专家组成，并被确定为专业建设、人才培养和产学结合的智库和审议机构。

其次要形成制度化的沟通联席机制，对于合作过程中出现的问题及时协商，加强合作过程中的利益协调。珠海城市职业技术学院早在2006 年就出台了校企合作委员会章程，并确定了校企委员会办公室系常设办事机构，负责日常的信息交流与反馈。在学校行校企"三元"①共建指导委员会的指导下，双方定期或不定期研究新专业设置、老专业改造、技能提升培训、师资队伍建设、教材建设等涉及高技能人才培养与共同发展的重大问题。

最后要以成文制度促进关系的规范化管理，文件、制度是制度化合作的最终体现形式，也是在追求利润的企业与追求程序公平的公立学校之间在制度互嵌上所做的平衡。HC 职业学院与 MK 智能科技股

---

① HC 职业学院实施政校企、行校企"双三元"联动的办学模式，第一个"三元"是构建学校与经济社会协调发展平台，第二个"三元"是从中、微观层面上深化校企合作。

份有限公司签订了校企战略合作协议书，确定了合作目标，明确规定了双方的权利与义务。日常性的联络也以制度形式呈现，如制定了校企合作走访制度（包括走访前、走访中、走访后、后勤保障）、校企合作信息通报制度（包括网络通报、简报通报、校务公开通报）、校企合作工作会议制度（包括校企合作委员会年会、校企合作工作计划会、校企合作工作阶段总结会、校企合作办公室成员会议）等。

2. 合作保障立体化

合作关系的落实需要强有力的组织保障。以项目为依托，围绕项目建立立体化的保障机制能有效促进协同的推进与落地。具体而言，协同项目的实施有赖于明确的责权执行机构，合作双方共同成立 HC-MK 智能科技合作学院，并在此基础上成立了由双方的中高层领导组成的领导小组，研究、确立校企合作的指导思想、方式及步骤，同时领导、组织合作项目的开展。在双方主管部门的监督指导下还成立了校企合作办公室，以此建立长效性信息互通机制。实际上，机构保障还指具体目标实现的载体，HC-MK 建立了 6 个实体：HC-MK 智能电子技术技能专家工作室、HC-MK 智能电子技术联合实训基地、MK-HC 学生校外实训基地、MK-HC"双师型"教师培养基地、数字音视频技术研究开发创新团队、数字音视频技术工艺与产品研发暨工程中心，主要完成"冠名班"、学生的工学交替、教学见习、顶岗实习，教师的产学研、顶岗实践，以及合建校内外实习基地和专业教学指导委员会等建设任务。制度保障则从宏观的战略合作协议，到中观的工作会议制度、合作信息通报制度、合作走访制度到具体的项目实施方案、工作计划、总结反馈等，为项目的实施提供规范和指引。此外，HC-MK 协同育人项目受到学校重视，被列入学校"创新强校"工程重点项目，学校专职机构"创新强校"办公室充分发挥专职人员的作用，组织并指导项目的规划、论证、实施和评估，为项目提供过程监督与成效评估服务（见表2-3）。

表 2-3　珠海 MK-HC 职院战略性协同项目

协同类型	协同内容			
人才培养协同项目	MK 冠名班（订单式培养）	HC-MK 智能电子技术联合实训基地	MK-HC 学生校外实训基地	勤工助学
师资培养协同项目	HC-MK 智能电子技术技能专家工作室	MK-HC "双师型" 教师培养基地	兼职教学项目	挂职实践项目
技术研发协同项目	数字音视频技术研究开发创新团队	数字音视频技术工艺与产品研发暨工程中心	—	—
社会服务协同项目	双方联办的专业培训项目	就业辅导与就业安置项目	—	—

四、高职协同育人的战略性伙伴关系：困境与展望

　　协同育人战略性伙伴关系的讨论已然兴起，理论与实践都有待进一步探索。本节对于 HC-MK 实践案例的梳理与提炼并非认为该项目运行已达至成熟理想状态，而是认为基于实践的探讨有助于推进这一领域的反思与创新。实际上，高职院校与企业之间的协同育人的努力天然存在着几组张力：企业利润最大化的诉求与公立学校提供教育类公共物品的公益性之间的矛盾；公立学校传统行政管理体制下的事业单位运行模式与基于理事会领导下的企业运行模式之间的冲突；企业短期技能培训的诉求与学校系统技能知识传授的传统之间的差异等。

也就是说，协同参与者在利益问题上的平衡与协调成为达至有效协同的关键，这也正是战略性伙伴关系建构的初衷与实质。整个战略性伙伴关系的建构正是围绕利益分殊、整合进行的利益关系确定、维系与调整过程。

然而，从某种程度上讲，对战略性伙伴关系的建构仅仅是在协同育人领域进行的策略上的思考与手段上的调整，在培养方式手段上所做的创新努力，并未涉及深层次的结构性变革。在实践中，校企协同育人仍然面临着巨大挑战：校企协同主体均存在合作动力不足的情况，仅靠个别企业高层领导的社会责任意识驱动的合作行动不具备可持续性，在没有外在的约束机制或激励机制的情况下，企业追逐利润的本性将阻碍长效合作机制的发展，与此相对应，公立高职院校并不灵活的人事绩效考核机制也在很大程度上削弱了教师探索人才培养模式创新项目的积极性。此外，校企协同育人在法律制度上的缺失，也使协同行为缺乏规范和指引，很难保障校企协同育人项目的有效落实和长期运行。

简言之，协同育人战略性伙伴关系的进一步发展更需要依靠政府，即教育行政部门从国家战略出发，自上而下进行顶层设计，将职业教育的校企合作的发展规划及具体实施制度提上职业教育领域改革创新的重要议程。就发达国家的经验而言，职业教育是置于国家战略地位进行统筹规划的，由政府设计职业教育校企合作制度，在分析劳资关系的基础上制定政策制度框架，在此制度框架下明确培养目标与学校和企业各方职责，以此形成政校企协同合作的局面。[5]

总之，战略性伙伴关系的建构是协同育人领域的积极尝试，更深层的意义在于，基于命运共同体意识，在长远的战略目标指引下，实现双方的学习与成长，企业成长为更具社会责任意识的经济发展主体，学校成长为更贴近产业发展的职业教育供给主体。当然，我们更期待政府主体的学习与成长，在政府创新性职业教育制度供给下，协同育人战略伙伴关系才能在现代职教体系架构下实现真正意义上的共管共建共享，获得可持续的健康发展。

参考文献

［1］孔德忠，陈志祥．高职院校校企协同育人机制的研究与实践［J］．成人教育，2017（3）：70-72．

［2］钱乃余，王鑫，张德生，等．项目导向的"产学研"协同育人模式研究与实践［J］．中国职业技术教育，2015（2）：5-9，20．

［3］车明朝．产教融合：如何实现政府主导——常州市科教城管委会"政府主导、产教融合、协同育人"机制的探索［J］．中国职业技术教育，2015（16）：13-18．

［4］郁建兴，张利萍．地方治理体系中的协同机制及其整合［J］．思想战线，2013（6）：95-100．

［5］汪建云，王其红．高职教育政校企协同合作的困境与突破［J］．中国高教研究，2014（1）：97-100．

终身教育服务供给中的跨界合作
——论地方电大的"链接者"角色①

内容提要　在终身教育的服务供给中，地方电大正在实践"跨界链接者"的角色，连接不同类型组织，发起并创建各类终身教育产品供给网络，形成了不同类型的"链接"模式。不过"跨界链接"仍存在合作伙伴选择较为随机、链接目标单一、边界管理困难、效果难以测量等困境，因此，明确地方电大"跨界链接"的定位，优化链接机制方能促进终身教育跨界合作的进一步发展。

一、"跨界链接者"：跨界合作中的地方电大

20 世纪 90 年代中期，在政府再造运动的影响下，美国与欧洲产生了大批聚焦于公共服务提供系统的网络管理研究，相关学者为了研究不同社会群体、社会组织之间的跨界关系，开始发展网络研究的分析概念。例如，经济学家将网络结构分析方法运用到企业网络研究中，发展出"战略联盟"等分析概念描述企业组织间的长期合作关系；经济社会学家格兰诺维特提出"嵌入"（Embeddedness）一词分析经济行为与社会结构之间的相互影响的嵌套关系；[1] Burt 发现，网

---

① 本节主要内容曾以"终身教育服务供给中的跨界合作——论地方电大的'链接者'角色"为题发表于《广东开放大学学报》2016 年第 1 期。

络的规模与纽带的强度没有联系的多样性重要，关键在于网络具要丰富的"结构洞"①。这些核心概念为我们认识与理解网络组织提供了重要的分析工具。其中，我们发现"跨界链接者"（Boundary Spanners）这一分析概念，对于理解跨越组织界限的合作网络尤为关键，尤其是对于发起和创建组织网络的中介角色具有较强的解释力。

大多数网络研究的核心论点认为，行动者总是嵌入既能提供机遇又限制其行为的相互关联的社会关系网络中。[2] 对于公共部门而言，非政府组织、企业甚至其他政府部门都是网络结构中的行动者，它们各自保持对自己资源的控制，但在同一网络中共同决定资源的使用。我们所说的"跨界链接者"正是在网络结构中起着主导作用，扮演中介角色，影响组织间网络形成的关键行动者。在公共服务与物品的供给中，有多种不同的制度安排，如政府服务、政府间协议、政府出售、合同承包、补助、凭单、特许经营、自由市场、志愿服务和自我服务等；[3] 协作方式各异，通常以政府为核心，依靠政府间协议和合同，交换人员，赠款援助，税收政策、伙伴关系、自愿者平等协作方式来实现多样化的公共服务供给。在这样的协作网络中，政府、私营部门和消费者各自扮演不同的角色。

教育领域中突破组织界限的跨界合作正是近年改革创新的热点。尽管教育在很大程度上更接近个人物品，排他性和个人消费是其主要特征，然而最近的观点却认为，教育具有重大的积极的外部影响，人人受教育将会使整个社会明显受益，"个人不但要能免费接受教育，而且在一定年龄段，受教育应成为一种义务"[4]。在这种观点的影响下，教育也因此被视为福利物品。在美国及欧洲，政府要么以政府补助的方式，要么以政府直接生产并供应的方式更或者以"凭单制"等新兴供给的方式加大对教育物品提供的力度，这当中自然包括日益受到重视的终身教育。当"终身教育"这种物品实际上被用作共用资源

---

① Granovetter 在关于弱关系的讨论中将结构洞定义为：都与某个行动者联系的两个联系点之间缺乏联系，这个行动者不仅从接触点得到非冗余信息，而且行动者处在一个控制两人信息流的位置，或者导致相互抵消。

或视作集体物品，对其供给方式的研究自然成为公共部门创新服务方式框架内重要的研究议题。

我们认为，在终身教育的服务供给中，地方电大正是通过充当"跨界链接者"的角色，连接不同类型组织，发起并创建各类终身教育产品供给网络，以此对教育供给方式进行创新和变革。在此过程中，达至组织间的互惠与资源的优化配置，同时确立了终身教育服务供给的主导地位，提高了组织合法性。就已有教育合作网络的实证研究来看，大多聚焦于公私伙伴关系的分析，包括合作网络构建、伙伴关系定位及网络中各组织边界与利益问题的探讨等，具体伙伴关系项目与合作模式集中在基础教育、高等教育或职业教育领域。相较而言，以成人教育或终身教育服务网络为研究对象进行描述、分析与提炼的研究还处于空白阶段。相关研究的匮乏来自两个方面：一方面，终身教育领域基于跨界合作的服务方式创新实践还处于起步阶段，可供探讨的素材不多；另一方面，随着终身教育的兴起，电大向开放大学的转型成为讨论的主体，研究旨在说明转型的重要性及电大在新时期的发展定位，鲜见对转型期间地方电大终身教育服务供给方式变革的具体路径描述与内涵诠释。

区别于传统单一的成人学历教育提供，"跨界链接"是一种服务供给方式的创新，那么"跨界链接者"如何选择合作伙伴？又形成了哪些类型的合作网络？合作主体各自的角色与相互的关系如何？最终是否有效地形成了资源整合，提供了更高效灵活的终身教育服务？这些问题值得深入探讨。下文将以沿海地区基层示范性电大的"跨界链接"实践为分析素材，描述终身教育服务供给网络中的主要行动主体之角色、关系及行动模式，以期回答上述问题。

二、地方电大终身教育的供给实践与模式比较

本节以 Z 电大的教育服务供给模式为例进行分析。Z 电大位于沿海开放城市，2012 年曾获最具影响力基层电大称号。一直以来，Z 电大以建设"全民学习、终身学习"的学习型社会为己任，以提供全方位、多样化的教育服务为其组织使命，策划了多项社会服务行动，也积累了许多跨组织合作的经验。2013 年的数据显示，开展非学历线下教育培训 42 项 20828 人次。这些非学历教育培训主要包括面向政府的机关工委党课培训、干部自主选学培训、司法局服刑人员培训、国税全员会计知识培训以及面向企业的销售技巧和面向社区的社会组织培训等。此外，学校还承办了省国税系统会计业务达标考试、市国家税务局业务竞赛、注册理财规划师等考试筹备与组织工作。丰富的多元主体参与终身教育的具体实践正是我们讨论的前提，换句话说，就是在地方终身教育服务的供给实践中，的确存在着网络化特征。从组织内部结构上讲，地方电大服从上级电大，隶属于市级高职院校，又指导下级分校机构；从组织外部功能上看，与政府某些职能部门、企业性的培训机构、其他高校之间的合作、交易与互惠关系。这两个方面的合作都对终身教育的供给起着重要作用，也形成了不同形态的终身教育组织间合作网络。

（一）"跨界链接"：主要模式及特点

"跨界链接"论认为，解决合作问题的关键是在一个特定区域有一个具有良好连接关系的参与者（代理人）[5]，这个具备连接关系的参与者极其重要，因为他在原本不属于网络的组织成员之间建立了合作关系。地方电大服务供给方式的创新之处正是将组织自身定位于这种"跨界（组织边界）联系人"（Boundary Spanners）角色，去联动

横向或纵向的组织、整合多方资源、推动各种合作模式的形成，最终以此更为多元和灵活的供给网络，向社会提供多种类型的终身教育服务。在对链接合作模式进行分析之前，有必要对终身教育产品与服务供给实例进行梳理。

从表2-4可以看出，地方电大在终身教育服务供给的不同项目中，承担着不同的任务，与合作伙伴的合作内容及合作关系也不尽相同。但无论是纵向上承接上级电大的学历教育任务，还是横向上多方寻求合作伙伴开展非学历培训，抑或是组织各种类型的考证报名，地方电大均发挥着不可或缺的网络节点作用。如Z电大承接了市安监局的培训任务后，即链接专业的职业培训机构提供生产安全培训服务，Z电大变身为终身教育各提供主体之间的纽带，以中介者的身份将各方资源集结于同一个平台上，形成跨越政府、企业、事业单位、社会团体等组织界线的地方终身教育服务供给网络。网络强调利益相关者之间的信任与联系，强调资源共享，因此构成网络单元之间联系的"跨界链接者"需要具备适宜的条件。地方电大属于公共事业单位，在终身教育领域的服务群体中既享有较高的知名度与公信力，又具备较强的教学资源，这也是对其他主体产生吸引力的因素，尽管各主体参与合作的组织资源各异，但都无法替代地方电大成为网络主体间联系的代理人。

表2-4　Z电大终身教育主要产品/服务项目（未囊括所有项目）

终身教育产品/服务类型	项目实例	供给主体	合作形式	地方电大职责
学历教育	开放教育（专科、本科）	国家开放大学、省电大、地方电大	行政隶属、科层控制	招生，执行上级拟定的规划与安排、实施教学
	"一村一名大学生计划"	国家开放大学、省电大、地方电大		

续表

终身教育产品/服务类型	项目实例	供给主体	合作形式	地方电大职责
学历教育	助力计划	国家开放大学、省电大、地方电大	行政隶属、科层控制	招生，执行上级拟定的规划与安排、实施教学
	残疾人教育	国家开放大学、省电大、地方电大		
	西南成高	西南大学、地方电大	联合办学协议	招生
	东北师范大学网络教育	东北师范大学、地方电大	联合办学协议	招生
	西南交通大学研究生教育	西南交通大学、地方电大	联合办学协议	招生
非学历教育	教师教育信息技术应用能力培训	市教育研究中心、地方电大	委托办学	负责班级管理、教学安排、课酬发放等全部工作
	网络教育类，如干部教育培训网、市党员干部现代远程教育网	市委组织部、地方电大	政府购买	负责网络教学资源构建
	培训类（与政府部门），如市安监局安全生产人员培训	市安监局、地方电大	政府购买	负责培训组织工作
	培训类（与其他培训机构），如公共营养师、健康管理师培训	市某职业培训学校	合作办学协议	仅提供办公、报名、教学场地
	培训类（三方），如EMBA高级研修班	市中小企业服务中心、华南理工大学、地方电大	合作办学协议	仅负责班级管理

续表

终身教育产品/服务类型	项目实例	供给主体	合作形式	地方电大职责
考试考证类	职业资格证培训类（如人力资源管理师、理财规划师等）	人社局、地方电大	特许报考机构	报名组织工作
	证书考试培训类（如全国英语等级考试、全国计算机等级考试、报关员考试培训、普通话水平测试等）	教育部考试中心、地方电大	特许报考机构	报名组织工作

学者们认为，"跨界链接者"要实现跨越组织界限与更多机构形成多样化合作网络的功能，必须考虑两个重要变量：一是链接距离，即是否跨越本组织、跨越本系统，甚至跨越教育领域的组织，愈是组织性质相异愈能获得异质资源；二是链接纽带的强弱程度，组织之间的链接是强关系还是弱关系，直接影响到合作项目的可持续性、稳定性与正式化程度。作为"跨界链接者"来说，强纽带意味着链接的主动性强，投入资源多，参与程度高。依据这两个维度，通过对上述合作项目的分析，地方电大构建终身教育服务网络的链接模式大致可以分为四类（见表2-5）。

表2-5　终身教育服务网络链接模式分类

		链接程度	
		强	弱
连接距离	远	类型3	类型4
	近	类型1	类型2

类型1：执行国家开大、省开大的开放教育项目，连接距离近，强连接。Z电大与省开大、国家开大的关系就属于本系统内部纵向层

次上的连接。由于 Z 电大下属机构的特性，服从性合作是组织的核心任务也是常规任务。按常规办事，按要求执行，资源既定，没有太多的创新空间，相应的制度化程度、正式化程度高，极为依赖上级资源。从大的层面上来说，非跨组织连接属上下层级关系。此外，Z 电大与 Z 市职业技术学院就是这种关系，Z 电大在当地的高校序列中，已被并入该市职业技术学院，成为其中的二级学院——成教学院，负责成教项目。作为市属的高等院校，对于该校的成人教育项目重视程度高，且相互之间的资源共享程度高，组织之间的联系极为密切。

类型 2：受政府职能部门或事业单位委托或协议的项目，由于电大的事业单位性质，与同属公共部门的政府及其他事业单位连接距离较近，但连接关系较类型 1 弱。如 Z 电大为获得特许，成为市委组织部进行干部教育的定点培训机构，又是人社局、教育部考试中心批准的职业资格培训、英语等级考试等服务项目的特许报考机构。由于政府部门资源稳定，可扩大 Z 电大的影响力等，因此地方电大连接的主动性较强，并希望强化与此类机构的合作。项目可持续性与制度化程度视政府机构的投入与重视程度而定，以即时的政策为依据。

类型 3：与其他培训机构的合作办学，一般此类机构以营利为目的，属于企业组织。连接跨组织，距离较远。如 Z 电大与 YT 驾校、LY 羽毛球馆的合作，但在订立契约的状态下，链接关系较强，这种合作的可持续性视契约而定。通常企业方寻找合作的主动性较强，企业方可借助电大公立学校的声誉资源。而地方电大投入较少，仅提供场地等。这类培训项目类型丰富，时限不一，大多面向较为特定的群体，是终身教育供给体系的有益补充。

类型 4：与其他地方普通高校的合作项目，连接距离较远，弱连接，投入较少。合作任务简单，是主要的开放教育项目的补充。

从以上链接模式可以看出如下特点：其一，纵向上的连接更为强势，即地方电大与省开、国开的关系更为紧密，在垂直的行政体系下，完成统一的学历教育服务占用地方电大最多的资源；其二，横向上的连接在伙伴关系上仍多体现为两类主体的互动，缺乏三方甚至多方的连接；其三，地方电大的链接者意识不强，许多连接较为被动，没有充分发挥网络链接者的主导作用。整体而言，还没有形成各个层次力量充分互动更为扁平灵活的网络关系。伯特认为，在网络中，处在结构洞位置上的"桥"往往是资源交换的节点，信息交流的通道，具有信息优势和控制优势[6]。"跨界链接者"正是网络中的"桥"，其作为决定了政府、高校、市场主体甚至非政府组织之间的合作是否顺利，行动是否协调。要有效地构建网络，发挥网络效应，地方电大需要确立自身的网络"跨界链接者"身份，有意识地在各个层次的力量之间沟通协商，逐渐形成包含一系列协调合约与共同利益的服务供给结构。

（二）"跨界链接"：困局与挑战

当然，由于地方电大"跨界链接者"的角色和管理问题，在这一过程中，地方电大的"跨界链接"效果也存在一定困境与挑战。具体表现为：

第一，网络伙伴的选择较为随机，且局限于两个主体之间的合作。网络关系是需要成本维护的，有选择性地挑选关系至关重要[7]。强关系比弱关系要花费更多的时间，强弱之间的平衡对于一个要更大程度上共享跨组织边界资源的网络来说最为有效。对于终身教育服务领域来说，需要构建具有丰富结构洞的网络，这一网络中的合作主体事实上可以包含政府、市场主体、第三部门、自愿组织、社区组织等多类组织，每一个主体都有其独特的资源和权力，其互赖互惠的合作关系有利于资源的优化配置。目前的终身教育服务仍以开放教育机构实施的学历教育为主体，组织内部相同性质的行动者合作较多，不同性质的行动者间合作较少。简言之，地方电大与政府、企事业单位、非政府组织等各类组织构建多元治理合作网络的空间还很大，即使是现有的伙伴关系，也可拓展为具备更多链接关系的三方甚至多方服务供给网络。

第二，链接目标较为单一，可能忽略公共服务供给使命。从目前的合作项目来看，市场机制的驱动力明显，从开放教育到成高及承接的各类短期培训项目，合作的最终目标都是最大化扩大招生，拓宽资金来源渠道。尽管从电大向开放大学的转型来看，为获得持续的组织竞争力，招生都是最重要的一环，但作为终身教育服务供给的主体，不能忽略其满足公民教育服务需求的组织使命。地方电大所提供的终身教育产品与服务可能与当地民众的服务需求偏好不尽相同，这一点尚未给予足够的重视。在调研的基础上收集民众的终身教育需求意向，而非一味地从合作的可行性及组织中获利的程度考虑合作项目的开展，也许是值得进一步深思的。

第三，边界管理存在多重困难。"跨界链接者"是关键的边界角色，"跨界者"需要根据参与主体的数量、组织相似性程度、跨界是跨组织界线还是纵向层级联系，参与网络的动机等因素，运用不同的信息沟通技术，选择不同的链接模式。这正是地方电大面对的多重角色挑战。除此之外，链接者是否该为结果负责，是否应充当网络管理者角色也有待商榷。例如，借助地方电大场地或办学条件开展的各种营利性质的培训，地方电大难以负起对其培训质量的监管与问责之职。Nadel 认为，网络中每个参与者都有其独特的内涵，有它存在的独特原因。然而动员要求从整体战略的视角，从而达到一系列基于整体的共同的目标[8]。但有真正的"战略整体"吗？出于营利目标的企业合作方或者行政任务下的政府合作方等多元主体实际上很难形成一个整体目标。接下来，谁能充当"实际上"的"网络经理"呢？网络行动究竟是为了什么？为了谁？谁来承受可能的损失？更进一步地，网络真的被管理了吗？这些问题都有待深入探讨。

第四，效果难以测量。很多时候构建合作网络是为了更有效地实现组织目标，然而实际结果往往难以衡量。以 Z 电大教材服务外包为例，教师和学生均反映领取教材的过程更为复杂了，效率更低了，而电大本身的投入却似乎有增无减。尽管不能否认服务外包是一个常用的公私合作政策工具，有助于组织本身发展核心业务，但因此而带来的效率提升并不是必然的，多重因素影响教育服务提供的效率与效果。此外，不能忽略合作网络可能带来的问题，如决策中容易受群体思维的影响，目标的达成更加依赖有效的领导与合作技巧，而参与者的流动与沟通不畅容易造成工作中的无效率等。

三、地方电大终身教育供给的"创新路径"

尽管存在困境，却不可否认组织为获取资源、减少不确定性、提高组织合法性、达成集体目标而加入网络、进行合作的动机。[9] 结合上述经验材料的探讨，我们认为网络视角下地方终身教育服务供给模式的创新有必要关注以下几点：

其一，明确地方电大的"跨界链接者"角色，行使"跨界"任务。"跨界链接者"就是建立机构间联系的中介者、代理人。地方电大只有在目标定位、功能识别等组织设计环节有意识地将自身定位于"跨界链接者"角色，并将"链接"任务的实现视为终身教育服务供给方式创新的必要途径，才能积极地寻找战略伙伴，将彼此隔离的社会群体纳入同一个服务平台中，共担风险、共享资源，实现组织提供多样化终身教育服务的目标。

其二，提高跨界公共管理的能力，丰富合作类型。"跨界链接者"的核心任务——连接各利益群体，涉及纵向与横向力量的平衡，公共服务专业与非专业人员、正式或非正式关系的协调，具体项目成本与风险的分析，因此决策者需要比传统组织更为强大的沟通协调能力、风险预见能力及处理合作关系的公关能力。就丰富合作类型而言，企业跨组织关系模式可以借鉴，如战略联盟、合资企业、长期买家和供应商伙伴关系等不同合作关系。在教育领域，澳大利亚职业教育的社会伙伴关系就分为法定社会伙伴关系、社区伙伴关系、协商型伙伴关系三种类型[10]，各类型中的"跨界链接者"应该明晰不同的合作关系，确定各组织在网络中扮演的角色。就具体的合作手段而言，补助和凭单比较适合教育类物品与服务的提供。Z 电大正在探索的"学分银行"机制正是消解组织界限、多元共治的尝试，不过要顺利推行还需解决行政壁垒、部门掣肘等诸多障碍，有待实践的推进。

其三，重视合作网络的绩效测量，确保合作效果。如前所述，网络连接中的责任问题难以界定，但即使组织之间存在错综复杂的关系，对教育效果和项目绩效的测量仍应引入协同合作的过程中。可以进行网络绩效的比较，将网络视为既是自变量也是因变量的分析单元，提炼影响网络绩效的决定因素；利用各种反馈信息，构建有信用的组织清单或建立黑名单，选择合适与可靠的合作伙伴，以减少合作网络中参与主体的机会主义行为；确保各种类型的合作方式有效实施的条件，如合同承包需要清楚地界定工作任务，了解存在几个潜在竞争者，创造和维持一种竞争气氛，监测承包商的工作绩效，合同文本明确规定承包的条件和具体要求等，最重要的是保证上述条件能够落实。

其四，借鉴国外枢纽型组织建设经验，构建"跨界链接"机制。枢纽型组织又称"伞形组织"，在英美国家通常体现为代表某类利益群体的行业型社会组织，如行业协会等，即在某一领域带领、集结同一类利益群体共同发展的组织者。枢纽型组织需要兼具合法性、代表性、权威性和示范性等特征，地方电大恰好具备这些特点，成为搭建终身教育协同服务平台最合适的组织。公共组织的背景使其易于可以获得政府的扶持与资助，整合社会资源，在利用本系统资源的基础上建立起有效的纵向业务指导和横向资源流通的网络体系。因此，有必要借鉴枢纽型组织建设平台开放、分类管理、分级负责、行业自律等制度建设经验，以发挥聚拢、整合、链接、联动的枢纽作用。

作为一个初步运用网络理念对终身教育供给模式进行分析的探索性研究，本节呈现了地方电大终身教育服务与产品网络化供给的大致图景，明确提出地方电大应发挥"跨界链接"的作用，担负"跨界链接者"的角色，丰富终身教育提供主体之间的合作关系，从而创新终身教育的服务供给模式。本节研究得出了一些初步结论，但并不能完全回应关于终身教育网络"跨界链接"的所有问题，这既需要实践的进一步探索，又需要就上述推论中的细分议题进行更精细的分析与挖掘。本节就此抛砖引玉，相信将有更多的研究回应地方终身教育领域的不断创新和发展。

参考文献

［1］田永贤. 公共服务供给的组织间合作网络 ［J］. 东南学术，2008（1）：88-94.

［2］Brass D. J. , Galaskiewicz J. , Greve H. R. , et al. Taking Stock of Networks and Organizations：A Multilevel Perspective ［J］. Academy of Management Journal, 2004, 47（6）：795-817.

［3］［4］E. S. 萨瓦斯. 民营化与公私部门的伙伴关系 ［M］. 周志忍等，译. 北京：中国人民大学出版社，2002.

［5］Berardo R. , Scholz J. T. Microincentives and the Dynamics of Policy Networks ［C］. Washington D. C. ：American Political Science Association Annual Meeting, 2005.

［6］康伟，陈茜，陈波. 基于 SNA 的政府与非政府组织在公共危机应对中的合作网络研究——以"4·20"雅安地震为例 ［J］. 中国软科学，2014（5）：146-155.

［7］Burt R. S. Structural Holes：The Social Structure of Competition ［M］. Cambridge MA：Harvard University Press, 1992.

［8］Nadel S. F. The Theory of Social Structure ［M］. London：Cohen and West, 1957.

［9］Galaskiewicz J. Interorganizational Relations ［J］. Turner R. , Short J. Annual Review of Sociology, 1985（11）：281-304.

［10］杨丽波，欧阳芙. 澳大利亚职业教育社会伙伴关系述评 ［J］. 外国教育研究，2013（3）：3-10.

高职教育与社区教育协同
发展的案例：问题与构想[①]

内容提要 高等职业技术教育是成人不可或缺的继续教育类型，高职教育与社区教育的协同创新有助于教育资源共享，完善市民终身学习体系，促进学习型城市建设。Z市高职教育与社区教育协同发展存在成人高校与职业院校形式上的合并而非实质上的协同、社区教育定位不清晰、高职教育资源在社区教育中的缺失，以及缺乏协同的制度保障等问题，需要进一步深化两者之间的协同。要凝聚高职教育与社区教育协同发展的共识，明确各自定位；构建协同发展的工作体系与管理架构，创新高职教育与社区教育的协同运作机制，实现资源共享；出台法规制度与激励办法保障职教社教的有效协同。

《国务院加快发展现代职业教育的决定》明确指出要完善职业人才多样化的成长渠道，要积极开展多种形式的继续教育，在成人教育改革方面发挥示范作用。为落实决定精神，各高职院校纷纷展开创新发展行动以及争相建设一流高职院校，其中的重点建设任务之一，即加强社会服务，建立社会服务的长效机制，搭建多样化学习平台。而社区教育作为终身教育体系的重要组成部分，需要多样化的教育服务供给，职业技术教育正是其中不可或缺的适合成年人继续教育的教育服务类型。在提倡协同创新的教育改革背景下，职业技术教育与社区

[①] 本节主要内容曾以"珠海市高职教育与社区教育协同创新的探索"为题发表于《辽宁高职学报》2018年第4期。

教育的协同创新被提上议事日程。

一、高职教育与社区教育协同发展的必要性

高职教育与社区教育的协同并非无的放矢。在美国，社区教育本身就是高等教育的主要形式；在德国，高职教育为社区居民开展补偿教育、职业能力培养、学习能力、转岗培训等服务，以确立其"终身学习"的国家政策。也就是说，高职教育与社区教育有共同的价值依归，即服务于终身学习。实际上，关于"高职教育服务终身学习体系建设"的议题，一方面，在大力推进供给侧结构性改革的社会发展背景下，对于城市学习型城市的建设以及市民终身教育体系的完善都有着重要的现实意义；另一方面，在国家加快发展现代职业教育体系，鼓励高职院校创新发展的当下，如何发挥高职院校提供社会服务的重要功能，也是高职院校自身创新发展的题中应有之义。城市的高职院校是地方职业教育的主要提供者，成人高校是社区教育服务的主要提供者，发挥各主体拥有的异质性资源的，最大限度整合职业教育服务的资源，需要各主体之间有效顺畅的协同发展。

已有研究显示，由于高职院校在人才、技术、信息、设备、文化等方面具有一定的优势，高职院校可成为社区教育的重要依托。[1] 高职教育机构应在社区教育培训网络建设、社区教育课程开发、社区教育培训活动等方面积极介入，促进社区教育的进一步发展。[2] 从社区教育角度的研究也指出社区教育应该增加职业培训内容，[3] 即高职教育应与社区教育应该互为平台、协同发展基本达成共识。而高职教育与社区教育融合的实践探索研究，则提供了一些具体措施借鉴。例如，以广州城市职业学院为例，在成人高校开展各类继续教育与培训，在人才培养方案修订中融入了社区教育与服务的原则，进行相关的课题研究等。[4] 梁艳清、侯维芝的研究则提炼出了高职院校服务社

区的几种模式：独立模式、契约合作模式，同时指出其中的优劣势。[5] 不过，各个地区职业院校的发展情况不同，限制性条件也不同，鉴于协同模式的多样性，需要更多实践案例丰富这一领域的研究。此外，已有研究并没有提供一个统一的理论框架，主要基于实践的归纳和提炼，我们希望运用协同创新的理念来审视与剖析Z市高职教育与社区教育协同发展面临的问题并探索深度协同的路径，增进对此领域的研究与理解。

协同创新，即创新利益相关者围绕某创新目标，以紧密或松散（股权或非股权）等多种方式自发或自觉地组织在一起的一种自主创新模式，其本质目标在于提升不同利益相关者（企业、高校与科研院所、政府）之间创新资源的整合程度，最大限度地提高协同创新效率，拥有异质性资源和知识利益相关者就某创新目标合作创新的行为模式。对社区教育和高职院校而言，一方面，要提高高职院校服务经济社会发展的能力，就必须走向社区，服务社区；另一方面，社区教育要获得发展，也必须与相关教育部门尤其是高职院校建立更紧密的联系，这样方可最大限度地平衡与满足利益相关者的需求，实现多元利益主体共赢。[6] 实际上，跨界合作进行协同创新是目前理论界和实践界普遍认为的提供公共教育服务非常有潜力的一种途径。跨越组织界线，整合利益、共享资源，这一利用多元主体参与公共服务与公共产品的供给模式将改变传统的科层结构刚性的服务提供方式，同时将提高管理效率。

二、Z市高职教育与社区教育协同发展存在的问题

（一）形式上的合并而非实质上的协同

Z市职业技术学院本来便是在校校合并的基础上组建而成的，由

原 Z 市教育学院、Z 市广播电视大学、原 Z 市市工业技工学校、原 Z 市市财贸学校合并组成。Z 市电大（现更名为 Z 市开放大学）作为 Z 市社区教育的重要主体已成为 Z 院的二级学院。在形式上已形成了以高职教育为主体，继续教育、开放教育、社区教育四位一体办学的办学体系。然而，这一行政上的合并并未实现实质上的资源共享，电大作为 Z 院的成人教育学院，在办学模式和发展路径上，依然保持相对独立，沿袭传统的成人教育模式。学院高职院校也定位于高技能人才培养的单一的学校办学模式，其职业教育理念与模式并未渗透到成人教育之中。即使在校内，学分互换、招生协同亦无突破性的探索和实践。距离纵向贯通，横向衔接的国民教育"立交桥"的理想类型尚存在较大距离。

（二）社区教育定位有待明确，职业教育缺位现象有待解决

2013 年，Z 市市政府批准同意依托 Z 市广播电视大学成立 Z 市社区大学，履行全市社区教育任务。尽管这几年在社区大学的推动下，社区教育有了很大的发展，为 Z 市市直机关提供了党务培训服务，承办了幼儿园骨干教师、残疾人电子商务提高班等各类培训班。但总体而言，服务的类型与范围远不能满足 Z 市市民在职业技能增长方面的需求；社区教育尚未形成清晰的定位，培训经验、资源配置、师资力量、服务队伍等方面的不足严重制约了社区教育的发展，可以说职业教育在社区教育中是缺位的。在 Z 市，职业教育主要依托职业学校的正规教育，社会培训、企业培训承担了部分职后教育或职业技能考证教育。

（三）高职教育资源在社区教育中的利用率较低

就高职院校而言，Z 院还基本上局限于向学生办学，教育空间拓展程度不大。近几年，Z 院已经达到了一定的办学规模，探索了一定的办学模式，正在形成较为成熟的办学理论和实践体系。然而，业已

形成的较优越的以应用技能为长的师资队伍和实践实训条件，以及课程资源等教育资源并未向社区教育开放，简言之，社区教育还无法形成基本的职业教育条件。我们知道，高等职业技术学院因其人才、技术、信息、设备等优势，应该在社区职业教育服务中占据重要地位，如何实现资源的共享，发挥高职院校社区教育中的功能与优势也正是本节研究的初始目标和核心内容。

（四）缺乏协同的制度保障与运作机制

多元主体的协同创新可以优化资源配置，然而如何促进各主体之间的功能互补，整体上提高社区职业教育服务的能力则需要政策与制度的保障。在德国，终身学习的国家政策是高等职业教育将功能拓展到社区的重要依据，同时，为实现职业教育与社区教育的结合，政府出台了一系列规章制度保障实施。而我们的现状是，尽管学校的合并提供了两者协同发展的前提条件，但一方面，职业教育重视终身学习，为成人学习提供服务的意识并不强烈；另一方面，没有将两者协同的组织领导机构去统筹协调这一终身学习领域的重要任务，更没有相应的制度与运作规范推动和实施任务的完成，法制化与规范性的缺乏也导致了协同的困难。

三、Z市高职教育与社区教育协同发展的路径

（一）重新定位，确立高职教育与社区教育协同发展的共识

无论是社区教育还是高职教育，都要明确自身的发展定位。高职院校适应现代职业教育观念，实施社区化的职业教育，发挥其社会服务功能是高职院校内涵建设的重要方面，这也是高职院校可持续发展

的必然路径。[7] 要发挥其引领作用，高职院校应该强化职业教育与社区教育融合发展的意识，主动承担起协同发展的主体作用，在重视学历教育的同时也要重视非学历教育的发展，要创造协同的机会，建立协同的机制，实施社区化职业教育，以此扩大高职院校服务社会的途径，提高高职院校服务社会的能力。实际上，这一努力也将同时丰富职业教育的内涵。电大作为社区教育的主体，更应该确立协同的意识，社区教育本身的发展力量不足，教育资源缺乏，其发展离不开政府的行政支持、专业机构的专业支持、社区居民自身的自治力量等，因此，要把握校校合并的机遇，将高职教育的力量融进社区教育的发展中，进一步完善资源整合的有效方式，探索有利于协同的领导体制。

（二）依托高职院校及其社区大学办学体系，构建协同发展的工作体系与管理架构

尽管 Z 市高职院校社区化办学属于高职院校、电大、社区大学三位一体的模式，但院校发展的主体仍在职业教育，尚未在机构设置、权限划分、责任分担等方面就有利于协同发展的方向进行顶层设计与构建工作。我们知道，只有在办学体制上提供保障，才能实现高职教育与社区教育的深度整合。[8] 当下的社区教育正是由于缺乏一个统一的管理机构而呈现在教育形式和内容上的陈旧和单一，要发挥高职院校的牵头与组织作用，成立高职教育和社区教育协同发展领导机构，制定高职教育与社区教育的协同发展规划。同时，依托 Z 市社区大学（电大），成立以社区教育四级网络为框架的各区（县）、街道（乡镇）的社区学院、社区学校、学习中心等各社区教育机构，形成职业教育与社区教育协同发展的工作体系。Z 院可加挂"社区教育指导服务中心"的牌子，发挥社区职业教育的研究指导与推广应用职能，帮助社区大学深化社区职业教育的内涵，提升社区职业教育的质量。确定重点建设项目，以项目为抓手，整合项目建设经费，凝聚资源，以重点技能培训项目实现资源承接和辐射功能，推动社区职业教育的发

展。优化社区教育的业务管理和综合数据信息系统，加强调查研究与数据分析，为城市的社区教育提供决策咨询或方案建议。

（三）资源共享，创新高职教育与社区教育的协同运作机制

首先，要建设社区大学的数字化学习体系，将职业教育领域的课程资源与教学资源融合进社区教育学习平台，通过为各类学习者提供账号，实施数字化管理服务。通过推行模块化的课程形式和可选择性的教学安排，建立"课程超市""资源超市"，形成职业教育与社区教育相衔接的课程链、资源链和服务链，允许学习者在学习平台上发布自制的微课程、专题报告等资源，经审核后供所有学员使用，[6] 实现真正意义上的课程资源共享。其次，要考虑将职业教育的师资力量、教学设备设施、教学场地等用于社区教育。社区大学开设职业教育课程或技能型实用性课程，通过兼职与交流互换的方式，共享教师资源。而针对实训性强的课程，学院可以向社区大学学生提供实训场地与设施设备。此外，要探索校内不同办学体系下的学分互认机制，即电大的学历教育学分与高职教育中相关相近专业课程的学分互认，探索与实践学分银行；探索招生方式上的资源共享，成教学院的学历教育可直接为高职生提供学历晋升空间，探索上下贯通的培养模式，使高职毕业生通过三年学习，同时获得高职学历与成人本科学历双证；探索高职教育的开放式办学，面向社区适龄青年，采取灵活多样的授课方式，形成开放式社区招生。

（四）借鉴国外经验，依据法规制度保障职教社教的协同发展

德国的《职业教育法》《劳工促进法》《企业宪法》等规定了职业教育关于大部分经费来源、进修设备和推动建立进修机构方面的方针，极大地促进了职业继续教育的发展。[9] 一方面，要呼吁和推动国家职业教育法规制度的完善，如通过国家税收政策的调节，鼓励民间

资本对职业院校和社区教育的资助。另一方面，政府应更大力度地通过建立各种监督、评估与激励制度，推动社区教育和高职教育的协同发展，鼓励学校、社区甚至居民个人在协同工作中的投入。开辟职业教育和社区教育创新的奖助资金，同时使符合要求的贫困家庭能接受免费的社区教育和职业培训。实际上，《国务院关于加快发展现代职业教育的决定》（国发〔2014〕19 号）已将"加强社区教育和终身学习服务"作为创新发展高等职业教育、加快构建现代职业教育的有效途径之一。《现代职业教育体系建设规划（2014—2020 年）》（教发〔2014〕6 号）也将"建立职业教育服务社区机制"作为构建现代职业教育体系的制度保障和机制创新的重要举措之一。国家政策对社区教育与高职教育的协同发展提出了紧迫的要求，也是高职教育与社区教育面对的极大挑战和机遇。如何落实文件精神，需要各地的教育行政部门结合当地情况出台相关的执行政策。美国的社区教育就是由地区政府全权管理，面向所有青年人和成年人（包括特殊人群，即贫困者与残疾人），着重于职业训练，学费较低，并对所有具有高中文凭或同等学力的求学者开放，不分种族、年龄、经济地位及智力水平，且强调课程设置的相关性和实用性。[10]

总之，要形成有效的高职教育与社区教育协同发展的运作机制并非一蹴而就，需要不断在实践中探索。Z 市该利用成人高校并入职业院校的先决条件，发挥市属唯一公办院校的优势，在构建社区教育网络体系，资源整合共享机制、开放学习平台等领域做出有益尝试，同时在专业设置、课程资源开发、师资队伍建设以及人才培养模式方面进行积极创新，创设有利于高职教育与社区教育协同发展的制度规定，促进两者协同创新的有效运行机制的形成。将职业教育的资源有效地运用到社区教育中，促进社区教育质量的提升；社区教育对民众教育需求的直接反馈将提高高职教育服务社会的有效性，同时有助于提升高职院校社会声誉和社会影响力，最终实现两者的资源共享、互利互赢。

参考文献

[1] 黄守星，张苏里，王粤华．以高职教育为依托发展社区教育 [J]．九江职业技术学院学报，2008（2）：1-2.

[2] 张群，杜佩莲．试论高职教育对社区教育的介入 [J]．教育与职业，2007（23）：28-30.

[3] 刘志忠．高等职业院校：社区教育的合适载体 [J]．教育与职业，2007（14）：36-37.

[4] 赵小段．高职教育与社区教育融合发展的探索与实践 [J]．淮海工学院学报（人文社会科学版），2011，9（15）：61-62.

[5] 梁艳清，侯维芝．对高职院校服务社区的思考 [J]．职教论坛，2007（6）：24-26.

[6] 曹鸿骅，陈乃林．融合发展：高职院校引领城市社区教育的战略选择 [J]．教育理论与实践，2015（12）：23-25.

[7] 李训贵．论高职教育与社区教育的协同创新 [J]．社区教育，2014（30）：55-58.

[8] 夏飞，宋秋云．首都高职院校社区化办学模式探究——基于创建社区学院的视角 [J]．中国职业技术教育，2015（24）：74-79.

[9] 汪全胜．德国高等职业教育的社区服务模式探讨 [J]．继续教育研究，2009（10）：116-118.

[10] 杨里平．论学校职业教育与社区教育的沟通 [J]．职业技术教育，2003，24（25）：58-60.

第三篇

职业院校的内部治理：运作逻辑及其效应

✿ 后发理论视阈下优质高职院校建设路径研究
✿ 高职院校建设中的试点二级学院改革：目标定位与实施路径
✿ "项目治教"下的高职院校建设之一：行动策略
✿ "项目治教"下的高职院校建设之二：运作逻辑
✿ "项目治教"下的高职院校建设之三：非预期效应

后发理论视阈下优质
高职院校建设路径研究①

内容提要 财政分权、政治晋升激励形成了地方政府间竞争的制度环境，政府间竞争也成就了中国经济的飞速增长。政府间竞争一直是政府行为有力的解释框架之一。与之类似，职业院校处在同样激烈的横向竞争中，在政绩、声誉排名及教育行政部门各类指标的排名压力下，争先赶超，不甘落后。此案例从后发理论的视角分析了后发高职院校建设存在的困境与机遇，剖析东莞与佛山高职院校的赶超实践，提炼高职院校加速发展的要点，在此基础上，结合后发优势理论，提出实现劣势转换为后发优势的高职院校赶超路径。

2015 年，教育部印发《高等职业教育创新发展行动计划（2015—2018 年）》指出，到 2018 年支持地方建设 200 所办学定位准确、专业特色鲜明、社会服务能力强、综合办学水平领先，与地方经济社会发展需要契合度高、行业优势突出的优质专科高等职业院校。2019 年 1 月，国务院印发了《国家职业教育改革实施方案》，具体指标明确，到 2022 年建设 50 所高水平高等职业学校和 150 个骨干专业（群）。正式实施中国特色高水平高等职业学校和专业建设计划，建设一批引领改革、支撑发展、中国特色、世界水平的高等职业学校和骨干专业（群），标志着职业教育改革发展的新征程开启。自国家示范

---

① 本节主要内容曾与郭江平以"后发理论视阈下优质高职院校建设路径研究"为题合作发表于《广东教育》2019 年第 12 期。

性高职院校建设项目开始，一系列职业教育领域具有战略意义的重大举措相继推出，毫无疑问，推进优质高职院校建设，已然是新形势下促进高等职业教育创新发展的重要研究课题，更是各后发高职院校亟待探索的重要实践课题。

一、后发优势理论与高职院校发展

后发优势理论作为一个经济学概念，通常用于国家发展的研究，利用后发国家、区域或部门因经济发展相对落后形成的有利条件或机遇（后发国对现代化的认识要比先发国丰富得多，后发者可以大量采用和借鉴先发国成熟的计划、技术、设备以及与其相适应的组织结构，后发国家可以跳过先发国家的一些必经发展阶段，特别是在技术方面等）实现落后国家或地区经济的跨越式发展。相应地，后发优势理论也被应用于高校发展研究，袁广林的研究指出香港科技大学运用其后发优势，通过引进世界一流学术人才，移植世界一流大学的管理制度，模仿世界一流大学的办学模式，在学习、模仿世界一流大学中积聚优势，提高核心竞争力，短短 20 余年创造了大学发展史上的奇迹，成为后发大学的楷模。[1]

关于后发优势的转换，阿伯拉默维兹提出，一个国家的初始发展水平与其经济增长速度呈反向关系，经济越落后，其发展速度越快。尽管认可后发优势的存在，但他也强调，后发优势需要在一定约束条件下才能转化。换句话说，欠发达国家受路径依赖和外部环境的制约，并不具有天然后发优势，需要加强基础条件建设，采取有效措施提升要素水平，提高现代化治理能力，同时规避激进式赶超，才有可能在此基础上快速发展。研究者认为，从后发到先发，必须实施创新驱动战略，加强自主创新、发展高科技力量、推进科教兴国、推动制度创新。[2][3] 同理，高校的发展也是如此。有研究指出，1949 年以来，中国高等教育发展基本上走的还是以快速赶超为目标的发展道路。[4]

实际上，高职院校整体发展相对滞后，大部分高职院校处于后发阶段。已有研究指出，地方高职院校应寻求其后发优势的实现机制，以切实有效地促进地方高职教育的发展。[5] 不过，高职院校如何运用后发优势快速提高办学水平，并未得到充分讨论。相关研究多是针对优质院校的建设开展，无论是国家层面的示范校、骨干校建设项目，还是省级层面的一流校、卓越校建设，均形成了相对丰富的对策性研究成果。李斯杰认为，"内外结合、重点发展、整体提高、建立机制、构建体系"是示范性建设下一阶段高职院校发展的重要策略，[6] "后示范"时期，高职教育要高职院校重点做好专业品牌建设工程、卓越团队建设工程、校企合作推进工程和社会服务能力提升工程。[7] 闫宁和徐彦平针对骨干校建设推进过程中出现的困难，指出要将课程改革作为骨干校建设的切入点，将体制机制创新作为建设重点，以内部评估和国家有效介入实现体制机制的有力贯穿，使整个建设载体、内容和目标落到实处。[8] 吴访升和陈向平的研究则给出了地方层面的策略，认为江苏省要真正建设一流水平的卓越高职院校，必须明确"主攻方向"，尤其要在校企协同育人的体制机制创新等方面突破瓶颈与障碍。[9] 周建松的研究直接指向优质高职院校建设，与我们的讨论密切相关也最具代表性。文章从回顾国家示范、国家骨干高职院校项目建设分析着手，提出择优支持、一流目标、示范引领的优质高职院校建设基本原则，并围绕办学定位、产教融合、高水平专业建设等10个方面阐述优质高职院校建设重点与路径。[10]

上述研究成果让我们了解了优质院校建设的时代背景，也为我们提供了发展方向与重点建设领域的具体路径。不过，基于国家层面和省级层面的讨论较为宏观，从政府的角度出发的对策路径，操作性不够强。此外，研究多从应然性角度提出对策，但不同的高职院校其发展背景与发展阶段不尽相同，面临着不同的发展机遇和地域特点，尤其是处于发展水平相对滞后的高职院校，如何利用后发优势，加速自身的发展呢？

二、案例分析：职业院校的赶超实践

　　本节研究希望考虑到学校发展阶段与发展特点，通过典型案例的深入剖析与案例之间的深度比较，找出影响后发院校发力的关键要素。借鉴后发优势理论，我们认为：①后发院校可以，也只能创造性地寻求相应的替代物，以达到相同的或相近的办学水平和综合实力，如制度安排上的多样性和可选择性。②后发院校引进先进的技术和设备，以及高水平师资，可以在一个较高的起点上推进学校发展进程。③后发优势主要表现为制度设计上的可选择性、多样性和创造性。后发院校可以借鉴先进院校的经验教训，采取优化的赶超战略，缩短发展时间，较快进入全国优质高职院校的建设行列。④后发优势主要通过制度创新与精准发展的行动策略完成优势转换，实现赶超发展。基于上述研究假设，本节选择典型案例进行分析，以期在后发优势理论框架下找到赶超发展的关键要素。

　　尽管与国家优质高职院校的总体要求或多或少仍存在差距，但在2016 年广东省实施的一流高职院校建设计划中，东莞职业技术学院（以下简称东莞职院）、佛山职业技术学院（以下简称佛山职院）赫然在列，两所高职院校相较其他在列的一流院校，可谓后起之秀。正如东莞职院官网所示，创建于 2009 年的东莞职院，创造了全国高职发展的"东莞速度"，实现了"三四七八"快速发展（三年成为"万人大学"，四年成为"省示范校"，七年成为"省一流校"，八年进入全国高职高专前 12%），在全国 1388 所高职院校中位居第 166 名，走出了一条地方特色鲜明、区位优势突出、办学水平一流的快速发展之路。东莞职院在不到十年时间的发展速度，一跃成为广东省一流高职院校，其后发优势何在？

（一）资源优势：地方政府硬核的建设资金投入

东莞职院于 2009 年 4 月成立，校园坐落于松山湖国家级高新技术产业开发区，环境优美。由东莞市政府一次性投入 13.5 亿元用于建设，是东莞市唯一一所公办高等职业院校。充裕的建设资金意味着万余学生的学习生活基础条件、硬件设施一步到位，确保先进齐全。学校总面积 62 万平方米，校舍建筑面积 33.95 万平方米，实验实训场所 8.9 万平方米。现有固定资产 13.36 亿元，其中教学仪器设备总值 1.38 亿元。在后发优势的讨论中，资源基础极其关键。资源基础理论认为，具有丰富资源和优势能力的企业，常常后进入市场，却能轻而易举地凭借最先进的技术与设备获得市场主导地位。同理，资金资源在职业院校发展中的关键作用毋庸置疑。也就是说，地方政府集中力量汇聚资源，重视职业院校建设，将公共资源投放于职业院校的校园基础设施等硬件条件建设是后发高职院校后发置人的前提所在。与此有异曲同工之妙的是，佛山职院也是佛山市政府唯一公办高职院校，坐落于三水国家级工业园区腹地，2010 年由佛山市政府一次性投入 11.8 亿元，一次规划一次建成，校园总占地面积 962 亩，建筑面积 23.5 万平方米，生均教学设备值达到 1.5 万元，为之后学校的飞跃发展奠定了物质基础，学校也成为广东省一流高职院校建设单位。而一些发展滞后的职院，却可能陷入学校基础设施条件难以满足师生教学学习基本需求的困境。

（二）核心竞争力：定位本土的特色专业建设

后发优势理论中关于定位的讨论认为，先进入企业因定位不正确且重新定位成本很高，所以往往后进入企业能更精准地回应市场。东莞职院的专业设置立足于地方的产业发展、服务镇街。面向机械制造及设备制造业、电子信息制造业、包装印刷制造业等产业领域，形成了十大专业群，高度对接东莞五大支柱产业、四大特色产业和战略性新兴产业。如实施了专业强镇战略，开展了技术研发与服务，依托

"政校行企协同创新平台"成立了服装设计技术研发与服务中心、印刷技术研发与服务中心、电子信息技术研发与服务中心、机电一体化技术研发与服务中心、社会发展咨询与服务中心、政府绩效评价中心以及机器人公共服务平台等，在东莞市 10 个镇区设立了职业培训基地，为各镇区提供技术培训。

佛山职院的定位也非常明确，以"新产业引领新专业，强专业支撑强产业"为原则，按照佛山产业发展需要优化专业结构和布局，提升专业建设水平，重点建设"智能制造""光电技术"2 个优势专业群；打造"汽车技术""信息技术"2 个特色专业群。服务本地知名企业，如与一汽大众、长安福特、美的集团、佛山铁投、海尔集团等 15 家大型企业合作开设冠名订单培养班；与美的集团、伊立浦电器、澳美铝业、新昇电业等企业开设成人大专学历教育订单式培养班等，机械设计与制造、物流管理、汽车检测与维修技术、光伏工程技术 4 个示范性建设专业全部通过省级重点专业验收。以点带面，通过引领和带动作用，学校非示范专业中有 7 个成为省级品牌建设专业，省级以上重点或品牌专业占专业总数的 38.2%；成功打造了以 7 个品牌专业和重点专业为骨干、覆盖珠江西岸万亿装备产业链的智能制造专业链，进而带动其他专业群的发展，支撑佛山产业转型升级。

（三）机制优势：更具活力的人才引进政策

人才是高职院校最为重要的资源，对于学校的发展作用不可替代。东莞职院位于经济发达地区，有力借助东莞市政府的人才引进政策，投放大量资源常年引进高层次人才，并提供人才绿色通道，东莞市鼓励事业单位和内资企业积极引进人才，并对引进单位和引进人员进行相应的奖励和补贴。东莞围绕松山湖高新区建设成为国家创新型科技园区的战略目标，制定了相关的试行办法，拨出相关款项设立松山湖人才发展专项资金，并不断完善相关机制，真正做到"引才、留才、育才"，建设东莞市的"人才特区"。对一些获得国家、广东省和东莞市重大人才专项资助的创新团队和人才，按照最高 1∶2 比例给予配套；对于顶尖创新创业团队，最高可给予1000万元创新创业资助。为留住人才，东莞市松山湖高新区还出台了各种安家补贴及奖励政策，鼓励各种产学研团队的研究学习以及各种形式的人才输入。为培育更多高层次人才，松山湖高新区将奖励积极进行学术交流活动的人才，表现突出的年度可累计奖励高达20万元；还每年从单位遴选出优秀人才继续深造，每家单位每年补贴最高可达30万元；为鼓励企业加强员工培训，每年还将遴选20家企业，给予培训补贴，年度补贴总额最高不超过200万元。正是得益于东莞的人才引进政策，短短五年时间，东莞职院已有博士40余人、教授30余人，高层次人才数量远高于同类院校。

佛山职院打破常规，在全国范围内公开招聘高层次人才，并把教务处长、各二级学院院长职位全部列入公招岗位，提供人才公寓并解决家属安置等配套措施，引进一批熟悉高职院校教学、科研、管理工作，具备较强的领导和管理能力的高层次人才，为学校近几年的快速发展打下了坚实的基础。

三、赶超中的高职院校：
劣势及其后发优势转换

上述案例充分说明地方高职院校尤其是发展滞后的高职院校，只有充分利用其发展的后发优势，坚持服务地方经济，坚持创建具有地方特色的办学理念，才能在短时间内获得迅速发展。在讨论后发优势之前，无疑先要厘清后发高职院校发展的劣势所在。发展滞后的高职院校通常存在三类劣势：一是要素劣势，如师资不足、管理不佳、文化缺失；二是技术劣势，如学科专业建设薄弱、人才培养能力不足；三是制度劣势，如学校发展战略模糊、制度体系断层分散等。后发优势理论正是期望通过劣势的有效转换，克服上述制约，实现学校内涵发展的超越。

（一）对标最优：确立后发战略优势

战略，即实现组织发展的全局性目标。就学校建设而言，即要确立 5~10 年的发展规划。而这个规划的确立，必须从标杆性高职院校已经走过的道路中吸取经验教训，选择更明智的发展战略，寻找"捷径"，更快地缩小与标杆性院校在办学水平上的差异。具体而言，需要结合本校实际，在现代职业教育理念指引下形成明晰的办学愿景，选择好标杆愿校，明确赶超目标，营造赶超氛围，并通过学校的信息沟通渠道传递到全体育人主体，从领导层到普通教职员工统一认识，凝聚起主动努力赶超的意愿，形成发展合力。办学愿景属于组织的"规范、价值"，决定了组织的发展方向，具有导向性作用，制定清晰的学校愿景规划，将引导学校科学发展。学校办学愿景要树立新发展理念，支撑国家战略、融入区域发展、服务产业升级，着力在深化产教融合、校企合作上有具体目标和扎实举措。立足自我，研究如何盘活存量和内生增量，指引学校充分挖掘内在潜力，引领发展，帮助形成核心发展能力和科学合理的发展机制，以不断改进和提升教学质量、办学效益和人才培养质量。对标最优最好，在建设校企命运共同体、培养培训模式改革、"1+X"证书制度试点等方面攻坚，找准突破口和增长点，实现重点突破和整体提升。

（二）扩大投入：落实后发硬件优势

大规模、高质量的建设离不开雄厚的资金支持。我们看到，无论是佛山职院还是东莞职院在跨越式发展的起步阶段，都投入了巨大的财力。后发的高职院校，无疑仍然需要重视争取政府资金，同时要积极开拓更加多元化的资金来源渠道，利用技术服务、校企合作，甚至举办企业的方式，广泛筹集发展所需资金，加大重要的实训设施设备、教学场馆建设。

（三）政策引才：获取后发师资优势

一流的高技能人才培养离不开一流的"双师型"教师。高水平"双师型"师资不但要熟练掌握专业知识和技能，还要具有丰富的行业、企业实践经验、有能力担当高职院校的专业课课程教学、带领专业建设、开发实验实训课程。后发高职院校由于历史遗留问题，通常存在着师资水平不够，或新进教师缺乏行业、企业实践经验等共性问题。提高高职院校的吸引力成为解决这一问题的关键，后发高职院校尤其是公办高职院校必须努力争取政府支持，尤其是高水平人才引进的政策，要突破常规的事业单位招聘流程与招聘条件，吸引全国最优秀的专业技能人才服务高技能人才培养。尽管在各种努力下，许多高职院校高学历教师数量有了明显增加，然而普遍存在的问题是，增加往往体现在统计数字的变化而非教师的实际水平上。后发高职院校需要政府政策支持，借助政策手段调整师资结构，提高师资水平。

（四）精准对接：争取后发专业优势

在高等职业教育改革进入内涵提升阶段之后，追求高等职业教育的精细化发展逐渐成为一股新的潮流。[11]事实证明，能实现赶超策略的后发高职院校，在专业建设上形成了各自的核心竞争力，发展了能精准服务地方产业，直接为地方企业提供技能人才。也就是说，要找准学校在专业发展方面的重点，形成学校的专业特色，能真正为地方的经济发展服务。不过，无论是人才培养、课程标准还是教学资源，都很难形成新的特色；或者更应积极尝试校企合作的新内容、新方式，促进人才培养的方向和模式与当地经济发展的要求精准对接。

（五）制度创新：实现后发管理优势

从经济学角度来看，从后发到先发，必须实施创新驱动战略，建设创新文化，运用制度创新发展创新型经济，使国家在经济竞争的舞台上成为领跑者。同理，后发高职院校不仅要在硬件设施上更新升级，更需要在管理理念、管理制度、管理机制上大胆创新，可以学习、模仿和利用标杆高职院校已有的先进管理制度，积极寻找学校发展创新点，以点带面，逐步形成影响，激发新的发展动力。应着力思考高职院校的制度建设问题，尤其是与赶超战略相匹配的制度框架重构问题。在制度建设与重构中实现办学形态的突破，实现特色办学模式的塑造，并以此引领学校办学水平的发展。

四、结语

2019 年 4 月 2 日，教育部、财政部发布《关于实施中国特色高水平高职学校和专业建设计划的意见》（以下简称"双高计划"）。"双高计划"提出，要集中力量建设 50 所左右高水平高职学校和 150 个左右高水平专业群，具体围绕职业教育强化内涵建设，实现高质量发展目标提出了 10 项改革发展任务。"双高计划"支持一批优质高职学校和专业群率先发展，引领职业教育服务国家战略、融入区域发展、促进产业升级，给后发高职院校建设优质学校创造了难得的机遇。后发高职院校应借鉴成功高职院校的实践，有效将后发劣势转换为优势，实现优质院校建设的加速发展。

参考文献

[1] 袁广林. 香港科技大学何以成就大学传奇——基于后发优势理论的思考 [J]. 高教探索, 2013（2）：64-68, 85.

[2] 赵红, 杨震宁. "跨越式发展"的学术论争及其路径找寻 [J]. 改革, 2013（1）：117-124.

[3] 刘志彪. 从后发到先发：关于实施创新驱动战略的理论思考 [J]. 产业经济研究, 2011（4）：1-7.

[4] 贾永堂, 罗华陶. 新中国高等教育发展道路的历史考察——

基于后发展理论的分析 [J]．高等教育研究，2016（5）：1-12.

[5] 马凤芹．后发优势理论视阈下地方高职院校人力资源分析 [J]．黑龙江高教研究，2011（10）：99-101.

[6] 李斯杰．示范性建设后高职院校建设发展策略的思考 [J]．中国高教研究，2010（11）：76-78.

[7] 邓志良，赵佩华．"后示范"时期高职院校建设与发展之思考 [J]．教育与职业，2014（9）：25-26.

[8] 闫宁，徐彦平．课程切入与体制机制创新贯穿：国家骨干高职院校建设逻辑 [J]．职教论坛，2012，478（6）：29-32.

[9] 吴访升，陈向平．江苏一流高职院校建设的推进战略及相关思考 [J]．江苏高教，2017（4）：102-104.

[10] 周建松．优质高职院校建设重点与路径研究——基于示范性高职院校建设计划到创新发展行动计划演进的视角 [J]．职教论坛，2017（12）：5-11.

[11] 郝天聪．优质高职院校建设的必要性、价值标准与行动框架 [J]．职教论坛，2017（22）：5-11.

高职院校建设中的试点二级
学院改革：目标定位与实施路径①

    内容提要   政策实验是公共政策制定进程中的普遍现象，各类试点正是控制政策实施风险、扩大改革共识的主要手段。不仅在地方政府，试点也被广泛运用于职业教育改革和职业教育政策制定进程中。下文聚焦于具体院校的试点改革。试点二级学院综合改革既是加快发展现代职业教育的时代要求，也是建设优质高职院校的必经之路。探索试点二级学院改革要认识到改革的难度与过程性，要明确改革的初始目标，厘清涵盖人、财、事权下放的改革内容。以"放管服"改革为契机，推动改革；以重大项目为抓手，落实改革；以培养方式的转向，引领改革；以组织机构和制度建设，实施改革。

    《国务院关于加快发展现代职业教育的决定》明确了今后一个时期内发展现代职业教育的指导思想、基本原则、目标任务和政策措施。《高等职业教育创新发展行动计划（2015—2018 年）》的出台更为高职院校深化改革指明了方向，提供了动力。围绕创新发展理念，提升发展质量，全面推进综合改革，成为高职院校提升办学水平，提高人才培养质量不可回避的话题。要突破学校发展的体制机制障碍，实现优秀高职院校的建设目标，必须落实高校的二级学院治理体系，不断创新，在实践中探索制度化、精细化、组织化的发展路径。[1] 二

---

　　① 本节内容曾以"优质高职院校建设中试点二级学院综合改革探究"为题发表于《南宁职业技术学院学报》2018 年第 2 期。

级院系管理体制改革，已然提上高职院校创新发展的议事日程。

一、试点二级学院改革的重要意义

大学实行校院二级管理是大学回归本质和大学自身发展的要求。二级学院是介于学校与系部专业之间的中间层级，也是具体办学活动的实体，明确校、院两级管理职责和权限，涉及组织治理结构上的变革。尽管对高校治理结构的讨论，强调横向上高校各治理主体之间的权、责、利的划分，以及各利益相关者之间横向关系上的制度安排，但纵向上校院二级管理权限的划分，从实现学校办学自主权的角度而言，更是治理结构讨论不可或缺的部分。

一方面，以二级学院为基本实施单位的综合性改革，就是以试点二级学院为载体进行管理机制优化的创新，涵盖人才培养模式、课程体系、教学内容、教学手段和教学方法的各个教学管理领域。二级学院的发展是学校发展的基础，只有明确了高职院校二级学院在学校建设中的角色定位及职能担当，才能体现学校的办学思路，实现学校的发展战略。当试点二级学院成为相对独立的管理单位，应该掌握多大的管理权限，掌握什么样的管理权限，学校层面在学科建设和专业建设、教学管理、学生学籍管理、人事与机构配置、行政及一定范围的财务运行上，应该给予多大范围和多大程度的权限下放？以何种方式下放？都需要试点二级学院的先行先试摸索创新。

另一方面，试点意味着"试验""创新"，试点二级学院则是在学校内部选择学院设立的"管理体制（教育教学）改革特别试验区"。在试验区，可以突破学校现有管理体制，试行两级考核和两级分配，构建有利于调动二级学院积极性且责、权、利相统一的运行机制。而且只有将试点以项目的方式提到学校发展的议事日程中，才有可能将改革的想法与规划付诸实践。改革总是受既有体制阻滞，可能的失败将产生负面影响，试验区的特点可以将负效应控制在一定范围之内，改革遭遇失败仍可以有回旋余地，积累经验再行调整。反之，当改革有所突破有所成效时，试点二级学院改革实践形成的可操作性经验，可以直接运用于更大范围的改革任务。

二、对试点二级学院改革的几点认识

改革，通常指对旧事物、旧制度的局部或根本调整，必然触犯既有利益格局。首先，试点二级学院改革要认识到改革的难度，并正视其阻力。由于高职教育的特殊性及利益相关者的多元化，高职院校治理领域的改革仍然处于起步阶段，其建设进程相对滞后。[2] 尤其是公办的高职院校，科层制的组织结构与政府组织一样，等级制的权力体系维系其稳定运作，而试点学院的综合改革将涉及科层层级权力的重新划分，任何一处的权力变动都可能牵一发而动全身，充满权力和利益的较量，放权只能逐级展开逐渐深入，权力关系的调整需要一个较长的过程。在这个过程中，改革的领导者必须达成共识，凝聚改革的勇气和魄力，克服阻力，同时推动学校层面改革配套制度的协同与完善，既不能只放权不管理监督，也不能消极放权、随意放权。

其次，要坚定试点二级学院改革的初始目标。二级学院试点改革并非为改革而改革，其初衷仍是提高办学水平，培养高质量的技能人才。就学校发展而言，二级学院的改革实践既要符合学校整体的发展思路，融入学校总体的战略安排中，又要体现在专业建设与学科发展中的特色，与其他学院错位发展；就学院自身的专业发展而言，二级学院的改革更要瞄准标杆院校的同类专业标准，结合学校实际，确定专业发展与人才培养的目标。总而言之，形成对接产业、服务区域、跨界发展的创新型二级学院管理模式是高职院校二级学院试点改革所需要达成的主要目标。

再次，要明确二级学院改革的具体内容。我们知道校院二级治理的关键就是实现二级学院的"三落实"，下放人、财、事权。具体而言，要进行以"岗位聘任和考核"为核心的人事自主权改革，建立二级学院自主设岗、自主招聘、自主调配人员、自主聘用的人事管理机制；要进行以"绩效分配和经费使用"为核心的财务管理自主权改革，进一步完善内部分配和奖励制度；事权方面则涉及以中高职三二对接、自主招生、专本对接等多种招生自主权、专业设置自主权、教学管理自主权、科研管理自主权及"资源配置和保值增值"为核心的资产管理和调配自主权下放，以及与试点二级学院管理体制改革相对应的专业管理、教学团队、专业教研室建设等内容。

最后，要了解二级学院改革中存在的问题。《国家教育体制改革试点调研报告》指出，改革中遇到的主要问题包括国家政策支持力度不够、教师参与改革的积极性有待进一步激发、二级学院内部治理结构仍需完善等。[3] 实际上，由地方政府主办的高职院校通常也由地方政府直接领导，由地方财政拨款，在办学自主权方面受极大的限制，无论是内设机构还是岗位设置、人员编制等，都纳入了地方行政管理的大框架内。学校本身的自主权非常有限，能下放到二级学院的自主权自然更加有限。也就是说，高职院校对地方政府的依赖性太大，还无法承担或实施独立自主的办学行为。就学校内部而言，受政府管制的影响，高职院校已习惯于自上而下的命令、任务、指令传递，各职能处室作为学校治理结构当中的"条"通过频繁向作为治理结构中"块"的二级学院发布通知、检查、督促与各种评比实施管理，二级学院被动参与各种学校会议，学习和执行各种文件与规定，这种指令式监督式管理成为学校管理运行模式的常态。全方位、深入的命令传递使得二级学院的自主治学空间接近于无，也极大削弱了二级学院的积极性与创造性。实际上，这种体制最大的弊端在于混淆了行政权力与学术权力的边界，造成行政权力与学术权力的关系失衡，由此也导致教师治学群体话语权的弱势及资源获取能力的弱化。

三、推动试点二级学院改革的路径选择

（一）以"放管服"为契机，推动改革

2017 年，教育部等五部委联合印发的《关于深化高等教育领域简政放权放管结合优化服务改革的若干意见》（以下简称《"放管服"意见》）确立了我国高等教育治理现代化的基本框架。《"放管服"意见》从完善学科专业设置机制、改革高校进人用人环境、改进高校教师职称评审机制、健全符合中国特色现代大学特点的薪酬分配制度、完善和加强高校经费使用管理、完善高校内部治理、强化监管优化服务等方面提出了 20 项改革意见。实际上，这 20 项改革意见都指向如何进一步扩大和落实高校办学自主权。各省份纷纷回应，其中广东省要求各高校完成本单位与此相配套的制度制定，同时规定了与此相对应的工作时间节点。我们知道，教师评聘制度改革已经成为学院综合改革的核心和关键，只有改革教师遴选、考核与评价机制，使优秀资源以创新人才培养为核心合理流动与整合，才能激发教师队伍活力。[4]《"放管服"意见》的出台，对于改革乏力的公办高职院校而言，无疑是结构转型的契机，在深受行政建制约束的公办高职院校，唯有自上而下的政策、意见与行政指令才有可能真正将改革提上议事日程。无论当下的二级学院是否有足够的能力应对权力的下放与自治的要求，但二级学院从被管理走向适度的自主治理，这一回归高校本质的改革方向却是正确和明朗的。高职院校应该抓住契机，结合学校发展实际，尽快制定各项配套制度，从根本上改善高职院校的治理结构与制度，推动二级学院试点改革。

（二）以重大项目为抓手，落实改革

　　就全国范围而言，高职院校的发展进程经历了国家示范校、骨干校的项目推动阶段；就广东省而言，又相继推出一流校建设与创新强校工程建设项目。"项目制"作为一种治理机制，被认为具有强大的制度激励功能，其背后的运行逻辑是为实现某种特定目标所遵循的专项逻辑、事本主义逻辑。也就是说，竞争元素的引入与择优扶持的特点，使重大"项目"成为促进高职教育发展的重要抓手。2016 年，广东省发布了《关于实施广东省一流高职院校建设计划的通知》（粤教高函〔2016〕155 号），其中最核心的任务即切实推进四个方面的改革，包括二级学院改革、学分制改革、人事绩效管理改革、科研与社会服务改革。随后，广东省教育厅决定实施广东省高等职业教育"创新强校工程"（2016~2020 年）。"创新强校工程"（2016~2020年）实施方案规定了《广州民航职业技术学院"创新强校工程"（2016—2020 年）建设规划》的编制范围和内容，其中体制机制改革与协同创新建设明确指出要推进院系二级管理、下放办学自主权为核心的试点二级学院改革，载体即为试点二级学院。示范校、一流校、创新强校工程这些促进学校快速发展的重大项目工程，是高职院校实施改革的有力抓手，为争取项目资源，与同类高职院校展开竞争，取得核心竞争力，就必须要开展项目，还要做实项目，试点二级学院改革只有被确立为规划中的项目，才具有真正落实的可能。

（三）以培养方式的转向，引领改革

　　"产教融合、校企合作"是发展现代职业教育、促进人才培养模式创新的主要思路。通过混合所有制改革，推动高职院校办学体制改革，是推动产教融合、校企合作的有效途径。[5] 而以现代学徒制为主要培养模式的特色学院、混合所有制学院这些充分体现职业教育特色的培养模式创新都需要通过试点二级学院这个载体去建构运行机制、运行管理制度。因此，试点二级学院改革，不仅局限在如何放权，更应该结合培养模式的转向，开展复合式改革，既要考虑校院二级管理层面的上下级权限划分，又要考虑新型的体现产教融合特点的组织制度设计，要把建立学校、行业、企业、社区等多元主体参与学校治理的章程、制度等任务嵌入试点二级学院综合改革中。在此过程中，要以重点建设专业为抓手，整合教学资源，打破现有院、部、专业的格局，既突出培养模式的特色，又充分考虑主动适应产业转型升级需要的专业优化配置，重构二级学院。

（四）以组织机构和制度建设，实施改革

明确校、院两级管理职责和权限，构建有利于调动二级学院建设积极性的运行机构是一项复杂的工程，需要克服来自各方面的阻力。改革的领导者必须思路清晰，转变现有观念，有步骤有重点地实施变革。

首先，学校层面需要牵头成立试点二级学院改革领导小组，组织学校主要职能部门如教科研处、组织人事处、计财处等进行调研，在结合本校实际与同类院校改革经验的基础上，拟定人、财、事权下放清单，明确具体改革任务，明确责任人，同时建立反馈与监督机制。在权力的分殊上，要明确二级学院下放的重点权限是与治学权高度相关的权力，如自主招生权、学术质量评价、学生就业以及依托于学术的社会服务，体现为学科建设、专业建设、科学研究等方面。当然，职能部门所有的指令权、指导权、检查权、监督权、评价权、否决权和资源分配权，要做出适当的让渡，把二级学院能用好的权力下放给二级学院。在非常重大、二级学院难以驾驭的权力上校院两级合理分权。

其次，要建立与改革任务相匹配的各项制度。实现两级考核与两级分配，相应的人事制度、教学管理制度必须加以调整。校院两级财务管理改革是下放权力进行校院两级管理体制改革中的核心问题之一，而经费分配方案的制订更是核心中的核心。高校校级管理与二级学院管理之间可以尝试通过权力清单制度，划清各自的管理目标和权

力边界，防止出现管理上的错位和越位现象。[6] 以明晰的制度规范权力的分配，多元参与的渠道以及科学决策的流程等，保证试点二级学院在试行自主治理时有法可依、有章可循。要注重制度的创新设计，将传统的层级管理模式转化为灵活的弹性模式，尤其是在提高教师治学积极性方面要重点考虑，形成更民主的二级学院重大事务决策程序。

最后，要在明确试点二级学院专业特色的前提下，进行有针对性的创新探索，形成示范引领作用。如试行混合所有制，就要强调引入企业资源与社会资本，从办学模式、管理体制、运行机制出发，实现二级学院产权结构、治理主体的多元化。探索"现代学徒制"，要深入了解德国职业教育的办学机制与运作模式，引入国际标准，构建高端制造业国际化指标体系，构建与国际接轨的人才培养模式。随着人才培养模式改革的深入，试点二级学院要特别注意构建校企密切合作的组织机构、行之有效的校企合作管理体制，保障人才培养模式改革的有效运行。简言之，二级学院的自主办学模式探索，均应以提高人才培养质量为核心。

四、结语

试点二级学院改革有利于激发二级学院办学主体的组织活力，提高教师治学的积极性与创造性。同时，也要认识到对二级学院进行专业的优化重构，下放人财事权，涉及学校组织内部权力的科学配置与运行，是高职院校综合改革的难点和关键点。高职院校应以协同创新、协同育人为引领，以学生受益、学校发展为根本出发点，加快推进试点二级学院改革，顺利实现权力从学校向二级学院的下放。试点二级学院必须建立起以绩效限定责任、以权力制约权力的制衡机制，将二级学院逐渐转换成一定程度上的自主办学主体，以此激发教职人员教书育人、干事创业的积极性和主动性，培养符合社会主义现代化建设需要的高素质技能人才。

参考文献

[1] 江涛，张磊．创新与协调：高校二级学院治理路径研究 [J]．现代教育管理，2017（2）：24-28.

[2] 李小娃．高职院校治理改革：理论命题与实践问题 [J]．职业技术教育，2015（16）：20-23.

[3] 杨红霞．改革人才培养模式提高人才培养质量——国家教育体制改革试点调研报告 [J]．中国高教研究，2014（10）：44-51.

[4] 王海龙，杨秋波，曾周末．高校二级学院综合改革的实施路径 [J]．中国高等教育，2014（15）：3.

[5] 郭光亮．高职院校混合所有制改革路向：困境与出路 [J]．国家教育行政学院学报，2017（2）：39-44.

[6] 戴联荣．满意度视角下的高校二级学院管理制度建构与设计 [J]．南京师范大学学报（社会科学版），2017（5）：82-89.

"项目治教"下的高职
院校建设之一：行动策略①

内容提要 "项目治教"是否实现了教育资源的最优配置？立项院校的建设结果是否符合政策初衷？本节从科层组织完成任务的视角，对立项院校项目建设过程中申报、建设、迎检环节的行动策略及其成效进行描述与分析。研究发现，建设过程中重申报轻建设，目标置换，采取建立协调机构、突击花钱、集中性包装等策略，产生了项目不可持续、建设成果表面化、办学导向同质化等负效应。

一、问题的提出

随着国家教育体制改革的深化，一系列事关职业教育的改革政策相继出台，作为高等教育重要组成部分的高等职业教育发生了许多新的变化，"项目治教"的特征也逐渐显现。2006年11月，教育部、财政部联合发布《关于实施国家示范性高等职业院校建设计划加快高等职业教育改革与发展的意见》（教高〔2006〕14号），启动实施"国家示范性高等职业院校建设计划"，自2006年始开展国家示范性高职院校的项目申报及立项工作，并于2008~2010年分三批完成了

---

① 本节主要内容曾以"'项目治教'下的高职院校建设：行动逻辑及其效应"为题发表于《中国职业技术教育》2020年第16期。

100 所立项院校建设及项目验收评审。2010 年，教育部、财政部决定继续推进该政策，新增 100 所骨干高职建设院校及相关重点建设专业，自当年起分三批启动项目建设，并于 2015 年底完成了最后一批骨干高职院校建设项目的验收工作。此后，以国家层面的高职示范校项目为参照，省级政府陆续出台省级建设项目，如省级示范（骨干）校建设项目，一流校、优质高职院校、创新强校工程建设项目等。"大型建设项目"已经成为推进教育政策实施、推动高职院校发展的重要手段。那么，当我们将国家治理的"项目制"讨论具象到高职教育治理领域时，是否如政策所期或理论解析所指出的那样，是现代化、市场化、合理化的呢？

二、文献回顾：从"项目治国"到"项目治教"

社会学和公共管理学对"项目制"的研究始于财政资金的专项化，研究指出，"项目"是一种在常规财政支出体系之外，国家财政通过自上而下的专项资金的形式进行转移支付，从而重新进行资源配置的方式。作为一种新型的财政转移支付制度，通过专款划拨和项目配给的方式"向下"分配可以调节中央与地方事权与财权关系，有效地整合资源。[1] 公共管理学者发现，无论是公共领域的工程建设，还是"三农"问题、脱贫攻坚，其项目化特征日渐鲜明，项目制已日益深入地嵌入国家治理结构之中。社会学者称之为"项目治国"，即一种通过国家财政的专项转移支付等项目手段，突破原有科层体系束缚，加大民生工程和公共服务的有效投入，以项目制为核心的国家治理体制。[2] 这一治理模式体现了中国政府从"总体性支配"向"技术性治理"的转变。由于拥有集中的资金管理权、特殊的人事安排权以及高效的动员程序，在基层行政资源紧张条件下，上级部门为达成工作目标，越来越多地通过项目制调动基层政府。[3] 上级政府为实现特定政策，习惯以"项目"来指挥、调动下级政府和基层单位，同时，下级围绕上级设立的"项目"，行为也会相应发生变化。[4] 渠敬东的研究认为，项目制不仅是一种体制，还是一种思维模式，决定着国家、社会集团乃至具体的个人如何构建决策和行动的战略和策略。[5] 作为打破常规组织结构的一种制度安排，项目制表现出极强的竞争性、激励性、广泛动员、开放性、临时性等特征，旨在促进某一领域以专项资金获得高效的工作进展。

项目制同样也成为教育领域重要的治理机制，深刻地影响了教育行政部门及具体院校的行为模式和行动策略。从基础教育到高等教育的一系列重大建设项目，如"中小学教师国家级培训计划""211工程"等，均体现出项目制治理特征。不过，有研究指出，在基础教育领域，由于专项资金使用严格，申请和批复手续繁复，导致学校管理上的时间延误，浪费现象严重。而乡政府对各学校的情况比较了解，相关负责人清楚各项开支的轻重缓急，会通过改变支出结构的方式，在一定程度上抵消上级部门的意图，教育资源分配严重不均。[6] 在农村教育扶贫项目中，政策制定参与主体"缺失"，执行时方式"异化"，评估时考核"失真"。[7] 对高等教育"质量工程"的政策分析发现，"项目治教"过程中产生了权力的"寻租设租"与项目建设的"马太效应"，[8] 项目制式的高等教育治理可能会导致项目遭遇高等学校和教师的解构与再组织、高等教育整体性肢解与碎片化等内外部治理的多重风险。[9] 正如黄宗智等对政府通过项目制来推广双季稻种植政策的研究所指出的那样，在实际运作中，项目制所遵循的其实是另一套逻辑，是逐利价值观下所形成的权—钱结合。[10] 那么，在高职院校的建设项目运作中，是否如上述研究所述存在另一套逻辑？建设的过程与结果是否出自政策本身的意图？

高职院校的建设项目研究，无论是国家层面的示范校、骨干校建设项目，还是省级层面的一流校、卓越校建设，研究进路相对单一，主要是就建设内容谈建设，针对性地从宏观、微观等层面提出高职院校发展方向与重点建设领域的具体对策建议。有研究指出，"内外结合、重点发展、整体提高、建立机制、构建体系"是示范校建设下一阶段的重要策略，[11] "后示范"时期，高职院校应重点做好专业品牌建设工程、卓越团队建设工程、校企合作推进工程和社会服务能力提升工程；[12] 应将课程改革作为骨干校建设的切入点，将体制机制创新作为建设重点；[13] 地方层面必须明确"主攻方向"，尤其要在校企协同育人的体制机制创新等方面突破瓶颈与障碍。[14] 也有研究综合性地围绕办学定位、产教融合、高水平专业建设等 10 方面阐述了优质高职院校建设重点与路径。[15] 显然，高职院校项目建设的研究，缺乏"扎实的、关乎实际运作的经验研究"[16]，看不到项目进校后的实际运作过程和效果。本节研究将从科层组织完成任务出发，通过立项院校在项目建设过程中行动策略的描述揭示作为一种"技术性管理手段"的项目制与既有行政科层体制的冲突，以及因这种冲突引发的内部治理问题和对项目实施结果产生的影响。围绕项目制的运作，教育行政系统发展出包括项目申请、批复、实施、考核和审计等环节及相应的一系列制度标准，而组织学视角则为我们提供了组织结构、权力关系、资源配置、组织目标、激励等分析概念，本节将运用上述分析概念深入考察案例院校在申报、建设、迎检等主要环节的建设实践，并以此分析项目制在高职教育治理中的效应及其限度。

三、研究案例与研究方法

在国家加速发展职业教育的背景下，G 省陆续出台大型高职院校建设项目，将职业教育改革发展举措全方位"打包"到项目的"篮子"，G 省教育行政部门作为职教建设项目的发包方，营造竞争氛围，高职院校争相竞标接包。A 职业院校为市属公办高职院校，于 2004年成立，2013 年申报第三批省示范性高职院校，同年被 G 省教育厅、省财政厅确定为立项建设单位，建设周期计划 4 年（实为 5 年），

2018年迎接项目验收。A校处于沿海经济较发达的省份，近年来发展较为迅速，但与高水平职业院校相比仍有较大差距。A校在不长的办学历程中，经历了3次大型项目的申报，申报内容、方式与结果不尽相同，呈现了A校在不同发展阶段的应对。2013年申报第三批省示范校时，A校刚刚摘完办学资格警告的黄牌，获得立项，2019年最终通过验收。获得示范校立项后的2016年，A校申报省一流高职院校，未获立项。2017年A校启动创新强校工程计划项目编制，项目实施进行中。

本节研究主要通过参与式观察、半结构性访谈收集资料，结合内部文献资料进行分析。A校是本节研究的研究单位，将A校应对不同项目时的建设过程视为一个微型案例，进行多案例单层次的研究设计；以A校管理者为研究对象，进行不同项目的组织决策与管理行为分析，描述此过程中的行为策略和组织环境。同时，在一些关键要素及其行为特点方面进行比较。对于A校的选择，出于以下考虑：首先，A校是一市属公立高职院校，全额财政拨款，而项目制正是作为一种呈现为转移支付的资源配置方式，选择公立院校更能看出资金划拨方式的改变对院校行为的影响。其次，公立院校在某种意义上就是教育行政系统的延伸，它参照公务系统的行政管理，管理岗位的晋升及岗位安排都体现了典型的科层组织行为特点，因而适用于科层组织的分析概念。同时，在很大程度上也代表了体制内公立院校的行为特点。最后，案例对示范校的申报至最终的验收落幕，经历了2014～2019年的完整过程，可以对整个过程中院校的应对进行考察。

四、项目制下的高职院校运作实践

针对普通高校的项目制研究指出，"当项目制作为一个总体性的系统特征成为高校的学术治理机制与社会事实存在时，项目制的组织运作也使得大学学术场域发生根本性改造与重构"。[17] 有研究进一步搭建了项目制中委托方与承包方互动博弈的分析框架，认为博弈过程也是高校治理结构的演变和建构过程。科层制行为研究常用的分析框架与概念同样适用于高职院校。

（一）项目申报：踊跃"投标"、逢"包"必接

教育行政部门作为项目发包方掌握项目审批权以及否决权和干预权，将项目建设具体的决策权和执行权通过项目"发包"给辖区内立项的高职院校。不过，这些承载了资金支持的建设项目并不采取普惠性质的发包形式，而是遵循强者越强的择优逻辑，极具竞争性，各院校踊跃竞标。

1. 坚持申报

"就好像体育比赛，首先无论如何要挤进资格赛，争取竞争的资格，有了资格才有后面的排名赛"。条件不够，申报积极性不足时，校领导会力排众议，组织力量坚持申报，毕竟获得"示范校"立项是后续争取各方资金的重要依据。2017 年的创新强校工程，"发包"方修改了"赛事"规则，采取先建设后奖补的方式打包所有院校常规事务，一年一考核，根据考核分数事后奖补。尽管 A 级的各项要求更严苛，考核分数比申报 B 等级更低，但 A 校仍自报 A 级标准进行规划。立项及其隐含的院校层级和排名是对一所学校办学实力的认证，于是凡项目必申报，凡自报等级均高报一级，倾力打造一份足够"漂亮""优秀"的申报书成为申报阶段的重点。

2. 打破层级调人马

科层组织的行事风格往往被打上程序烦琐、效率低下的标签，而在项目申报环节却打破层级规制，体现了任务导向的特征。A 校在申报期间，或遴选精干人员闭关撰写或引进高层次人才组织申报，或邀请知名专家指导，或组建任务型机构专项运作。项目申报成为"一把手"工程，越过各职能部门，直接对校领导负责。高位推动的方式打破了职能部门之间的壁垒，快速有效地集结了资源。

3. 突破常规给激励

A 校作为 A 市唯一的市属高校，参公管理未实施绩效考核，对在编人员向来缺乏激励手段。为了调动教师参与大型项目的申报，在学校制度范围内变通的激励策略被频频使用。如在假期，参与申报的团队成员被默许以获批学校教研课题的方式予以回报。"放管服"改革制度下达后，学校自订的职称评审制度不仅将大型建设项目申报材料拟定作为职称评审资格的关键指标，且增订"突出贡献"条款，以奖励参与大型项目申报与建设的老师。

（二）项目建设：重构变通、谋求速效

1. 建立协调性机构，进行组织结构的调适

2013 年，A 校成立"示范校"工作领导小组，同时成立"示范办"；2017 年成立"创新强校"工作领导小组，成立"创强办"，与"示范办"合署办公。"两办"从机构设置上均为领导小组指导管理，实际业务工作均直接由教学副校长负责，为专项设置的协调性机构实际上行使了全校建设项目统领和统筹的功能。

领导小组与专门机构的设置打破了常态化的职能分工与层级规制。"两办"的工作不需要经由对应的业务部门向上汇报，而是直接向校领导负责。从机构设置的性质来看，领导小组是一种跨部门的协调机制，也是一种区别于常规治理的专项治理手段，但由于项目申报越来越常态化，下辖的任务型机构通过合署办公、工作任务转换等方式逐渐演变成常设机构。学校的行政权力关系悄然发生变化，任务型机构作为大型项目的统筹执行部门，掌握着下分项目的决定权与资源配置权，在实际运作中形成了凌驾于各教学部门的新的权力中心。在高职院校象征性作用大于实际作用的学术委员会，几乎不参与大型建设项目相关的重要决策，而如教务处、人事处等重要的行政职能部门职权弱化，各二级学院等教学部门自主权削弱。

2. 手段与目标置换，灵活使用资金

大型建设项目通常涵盖许多子项目，项目与资金的分配成为建设

环节的重点工作。项目制作为市场化的竞争机制，理论上来说应该达到资源的最优配置，但在实际操作中，却发现资源浪费与资源紧缺并行。

作为"发包方"的教育行政部门与作为"接包方"的高职院校实际上是一种"委托—代理"关系，因存在信息不对称问题，"发包方"依靠精细化的指标进行目标管理，如教学设施设备、师资人数、年度培训经费、就业率等。纯粹量化的考核指标，会使院校将建设的手段演变成建设的目标，背离项目建设提升办学能力的初衷。此外，有些考核指标也不尽合理，如重点专业毕业生工资逐年递增的考核逻辑就令人费解。毕业生初始工资受太多因素影响，并不能准确反映教学效果与培养质量。过于依赖数字的管理难免造成院校迎检时的异化行为。

3. 借鉴与模仿，获得决策权威

在大型项目的建设过程中，学校面临各种大大小小的决策，如申报如何进行、项目如何推动、怎样通过验收等。获得项目的院校所处的大环境相同，应对的任务相似，标杆院校的做法就成为后发院校学习和借鉴的来源。迪马奇奥和鲍威尔认为当环境不确定，各个组织不知道怎么做才是最佳方案时，模仿机制发挥作用，即各个组织模仿同领域中成功组织的行为和做法。而这不仅减少了行为结果的不确定性，也获得了采取某项行为和做法的合法性。

A校的决策逻辑在管理层的会议讨论中可见一斑。"这个究竟定多少，不是想当然，要把全省所有一流学校的数据能找到的都找到……""你们这样跨专业群怎么建设，申报书怎么写，讨论来讨论去没有用，把××校的材料找到，把样本给到专业主任参考借鉴……"模仿和学习减轻了组织的动荡，因为它扎根在制度环境里，具有合法性，不容易受到环境的冲击。项目制的择优逻辑暗含以点带面、以先进推动落后的意思，在推进项目建设的各个环节，模仿和借鉴成为最主要的决策手段。最重要的是，当集体决策意见不统一，时间又紧迫时，这种趋同机制的合法性往往被用作加速决策落地或为已有决策提供权威的有效工具。

（三）项目迎检：行政动员、包装演练

迎检是项目建设最为关键的环节。学校高层通过行政指令的方式强调工作的重要性，动员全校教师全力以赴，配合迎检。迎检过程体现了运动式治理的强动员性和阶段性特征。"每次申报，就像进入战备状态……自从上了示范校，就没消停过""这次验收过了，可以好好放松下了……"普通教师和行政人员的表述，可感受到时间期限带来的紧张感和压力感。动员机制在几个重要时间节点，即申报、中期检查与终期验收时启动，举全校之力集结资源，全力应对，一旦过了时间节点，则按部就班，恢复到常规管理状态。抓学校内涵建设的项目成为与常规工作割裂的特别任务。

五、项目治教的成效与影响

项目制的目标导向与科层制的规则导向，项目要求的横向协调与科层的层级规制，项目的临时性与科层业务的常态性，项目制的事本导向与科层组织的政绩导向，两者在运作上相互制约，产生了一些非预期效应。

（一）重显性指标，轻建设实质

呈现运动式治理特点的项目制，促使院校有效地集结了资源，极大地推动了学校内涵建设进程。经过长达 5 年的示范校项目建设，A校的校园环境发生了翻天覆地的变化。凭借"示范校"的立项，A 校不仅获得了示范校专项建设资金，也向市政府争取了建设资金。示范校对教学场所、专业实训基地等，加大了硬件设施投入。但同时，教学管理、资产设备管理水平并未得到同步提升，资金的浪费与紧缺现象并存。旨在提高教师信息化能力的微课课程、精品课课程建设，完

全依靠专业的技术公司，花费不菲，教师信息化技术应用能力并未提升；验收时的材料准备与自检，又斥资发包给教育咨询公司。对数字的依赖使项目制下重量化数据的考核机制并不能全方位对建设过程，特别是涉及教育教学管理、教学改革、专业提升等软指标，进行有效的评估。尤其是在科层组织要做出业绩，争取排名赛优胜的政绩逻辑下，不可避免使得建设目标形式化，行为选择短期化。项目任务的真实成效特别是对于人才培养质量的实际支撑作用无法在短期内得到有效的确证，轰轰烈烈的示范（骨干）校建设背后隐藏着"揠苗助长"的发展隐忧。[18]

（二）突击执行，项目不可持续

项目制的初衷是达到资源的优化配置。在实际操作中，院校申报项目时通常会较乐观地提出预算执行计划，或者为争取项目夸大项目实施的有利条件，但由于公立院校受严格的财政管理制度约束，受复杂和烦琐的流程和程序影响，项目实际执行通常滞后于预算计划时间。有些项目由于涉及多部门参与，协调工作也阻碍了资金的执行进展。在短时间内完成预算执行率的突击花钱不可避免导致非理性的经费使用现象。年底的集中性重复培训，使建设期后各类培训取消。优势专业资金叠加产生"冗余"的另一面是弱势专业的经费匮乏。

2014~2018年，A校先后申报省级示范校、省级一流校、G省创新强校工程建设，同是大型的学校建设项目，都有明确的时间节点。项目制本身的短期性与动态性形成了院校应对的阶段性，而教育教学理念的培养、人才培养模式的创新、社会服务能力机制的提升都需要长期培养持续攻坚。对具体建设项目断断续续地投入，时紧时松的管理无法保证建设项目的可持续性。

（三）从资源配置到行政动员

当高职教育的发展越来越多地运用项目制的方式推动，作为一种财政资金的划拨方式在实践过程中呈现了新的变化。G省于2017年开展创新强校工程建设计划的申报与考核，按照文件精神"全面对接国家和省提出的各项建设任务，坚持系统谋划、统筹协调，深化高职教育领域综合改革"，建设规划包括办学条件、体制机制改革、专业建设等内涵建设的方方面面。与之前竞争性发包有所区别的是要求分类指导，事后奖补。将建设规划分为 A、B、C 三类，考核要求不同，每一年根据项目建设后的考核分数划拨奖补资金。值得注意的是，按照奖优罚劣的原则，显然考核标准越高的院校应该获得更多的项目建设资金，但实践中并非如此。资金的划拨不仅取决于最终的考核分数，还要结合是否为一流学校，是否为教育厅直属学校，学校是否位于发达地区等因素平衡。上一等级最低奖补可能比下一等级最高奖补低。

在这样的奖补规则下，项目制更多地体现为一种动员机制。"相较于传统科层制，项目制使得上级教育行政部门拥有集中的资金管理权与高效的动员程序"，这种动员机制越来越深入高职教育发展改革体系中，其影响力不断扩大。各高职院校无一例外地参与到大型建设项目的竞争中。这不仅是行政力量的驱动，更是声誉和资源的竞争途径。但实际上，学校获得的奖补资金，并不能覆盖之前全面和理想的建设计划，按实际情况统筹使用、改变支出结构成为常态，大部分建设计划中的子项目流于纸面、胎死腹中。其中，启动大型建设项目已经成为常态化的建设动员机制。

（四）示范带动还是办学趋同

当高职教育教学改革的主要推动方式付诸大型建设项目，"一揽子"综合性项目与整体性要求便替代了各司其职的业务项目，简约统一的项目考核标准成为高职院校发展中的指挥棒与风向标。项目的初衷是示范引领，带动其他。的确，A 校在建设过程中，一旦遇到建设决策时的不同意见或各方掣肘，总是以标杆院校的做法为最终决策提供合法性。达成共识的是"标杆"的权威性，正如新制度主义学派的研究所言，组织行为在合法性机制下通过组织间的学习、模仿而趋同。然而，不同学校对资源需求的结构是不一样的，学校的发展历史、管理风格、城市规划都极大地影响着学校的发展方向。后发院校对优势院校做法的借鉴和模仿的确大大提高了决策的效率，减少了试错成本，但也牺牲了学校发展的特色。高校不是工厂，教学场地不是生产线，人才培养也并非旨在生产流水线上的工人，即便是职业院校，对人的培养也应是一个更具开放性和多样化的场景。趋同模式下的学校发展更易陷入"事本逻辑"的陷阱，创新特质和特色校园变得稀有罕见。

六、讨论与结论

作为一项强调技术理性的治理方式，项目制在高职教育领域的实施旨在用竞争性的方式激发作为接包方的高职院校的建设热情，并通过繁复的申报材料、全面的建设任务与精细化的量化指标提高治理绩效，加速高职政策的实施。不可否认的是，项目制有效地贯彻了国家职业教育发展改革的政策理念，获得立项的院校借助项目增加了建设性投入，加速了办学条件的优化和教学成果的增长。然而，项目制的实施是通过压力型体制下科层组织的运作加以实现的，项目治教的成效不仅受到项目制本身的逻辑影响，也受到科层组织条块体系内部其他运作逻辑的影响。任务导向、结果导向、目标导向的事本逻辑遇到科层组织的政绩竞争逻辑，立项院校为在政绩竞争中获得优势，重申报轻建设，重显性指标轻建设实质，重经费投入轻能力培养，重材料包装轻过程监控，重阶段性资源集结轻长期性整体规划，以"运动式治理"下的非常态运作最大化地美化和夸大建设成果。这些操作都足以使项目制期望达到的资源优化配置和组织目标达成的高效性大打折扣。竞争性是项目制的重要特点，也是市场化机制在行政体系内的应用。高职院校遴选建设院校的初衷是示范引领，以点带面。然而，择优逻辑下的实践结果是强者越强，越是需要得到资金支持的院校和专业越缺乏立项和资助的机会。因此，是否能以点带面，存有疑虑。真实可见的是，尽管资源有限，但以行政权力为核心，行政指令为驱动的项目制的确展示了极其强大的动员能力。在资源不足分配不均的条件下，成功地从资源配置方式转换为极具支配力的动员机制，推动了高职院校的跨越式发展。

高职院校大型建设项目是一个涵盖院校发展所有领域的"大篮子"，"一揽子"工程希望通过各类专项的"打包"将院校发展的整体任务下放。大型建设项目数目庞大，涉及院校众多，教育行政部门实际无法做到有效地对过程进行控制和监督。将体制机制改革创新、管理能力提升子项目纳入大型建设项目的框架内：一方面，文本制度和案例佐证的方式很难验证这类"软"指标的成效；另一方面，在院校求快求高的政绩冲动下，体制机制改革这类目标自然不会放在专业建设、教学科研成果等硬指标之前去推进，院校缺乏自我改革的动力。尽管一揽子方案简化了治理手段，但是否应将涉及结构变革、利益调整的意旨托付于项目制，值得商榷。

首先，美国等西方国家的高校，项目资助是非常重要的经费来源之一，联邦政府的资助通常用于某一类专项的科研项目，我们是否应回归项目的专项性，充分考虑专项性项目与综合性项目的比例。其次，技术治理的功效不可被夸大，项目制并不能完全担当职业教育发展改革的治理重任，应充分考虑项目治理与常规治理的结合。最后，为规避项目制的竞争性、不可持续性助长的院校建设"政绩工程"，能进能出的动态管理机制不可或缺，单一的量化考核指标需要辅以更多样化的过程控制，也可考虑独立的第三方评估，高职教育改革的长期性与艰巨性必然需要在治理结构和方式上有更多的考量。

参考文献

[1]　[6]周飞舟．财政资金的专项化及其问题——兼论"项目治国"[J]．社会，2012（1）：1-37.

［2］［5］渠敬东．项目制：一种新的国家治理体制［J］．中国社会科学，2012（5）：113-130，207．

［3］陈家建．项目制与基层政府动员——对社会管理项目化运作的社会学考察［J］．中国社会科学，2013（2）：64-79，205．

［4］折晓叶，陈婴婴．项目制的分级运作机制和治理逻辑——对"项目进村"案例的社会学分析［J］．中国社会科学，2001（4）：126-148，223．

［7］黄巨臣．农村教育扶贫"项目制"：运作逻辑、执行困境及应对策略［J］．宁夏社会科学，2018（2）：108-114．

［8］张瑞瑞，张浩正．项目治教的政策考察——以高等教育"质量工程"为例［J］．高教探索，2018（6）：26-30，54．

［9］熊进．高等教育治理的"项目制"及其可能风险［J］．教育发展研究，2016（Z1）：56-63．

［10］黄宗智，龚为纲，等．"项目制"的运作机制和效果是"合理化"吗［J］．开放时代，2014（5）：8，143-159．

［11］李斯杰．示范校建设后高职院校建设发展策略的思考［J］．中国高教研究，2010（11）：76-78．

［12］邓志良，赵佩华．"后示范"时期高职院校建设与发展之思考［J］．教育与职业，2014（9）：25-26．

［13］闫宁，徐彦平．课程切入与体制机制创新贯穿：国家骨干高职院校建设逻辑［J］．职教论坛，2012（6）：27-30．

［14］吴访升，陈向平．江苏一流高职院校建设的推进战略及相关思考［J］．江苏高教，2017（4）：102-104．

［15］周建松．优质高职院校建设重点与路径研究——基于示范性高职院校建设计划到创新发展行动计划演进的视角［J］．职教论坛，2017（12）：5-11．

［16］熊进．高等教育项目制的组织阐释与大学学术场域变迁［J］．高教探索，2019（4）：23-29．

［17］胡敏．高等教育项目制的府学博弈与治理——以 G 省高水

平大学建设项目为例［J］．教育发展研究，2018（19）：42-49.

　　［18］肖凤翔，于晨，肖艳婷．国家高职教育项目制治理的生成动因、效用限度及优化策略——以"国家示范性高等职业院校建设计划"为例［J］．教育发展研究，2016（Z1）：64-70.

"项目治教"下的高职
院校建设之二：运作逻辑①

内容提要 "项目治教"已成为国家和地方政府推动高等职业教育发展的主要形式，"项目治教"有哪些特点？对职业院校的建设行为产生了怎样的影响？研究发现，在科层逻辑下，教育行政部门求快求新的政绩冲动产生了多频多维的"发包"行为，具体表现为项目制的竞争性、资源聚集性与量化崇拜等技术性治理手段特点。在"项目治教"过程中，院校在项目申请至验收过程中选择了"运动式接包""行政化运作""阶段性应对"等行动策略。项目制的事本逻辑与科层制的政绩逻辑的冲突，使得项目制在促进高职院校加速发展的同时，也产生了忽视教育的长期性、过程性、普惠性等负效应。

一、问题的提出

党的十九大从新时代坚持和发展中国特色社会主义的战略高度，做出了优先发展教育事业、加快教育现代化、建设教育强国的重大部署。在新时代新形势下，党中央提出要抓住机遇，加快推进教育现代化、建设教育强国。为了在更大范围内推动高职院校的发展，促进和

---

① 本节主要内容曾以"'项目制'下的高职强校工程建设：运作特点及其影响"为题发表于《职教论坛》2020年第8期。

提高高职院校整体综合水平，国家先后推出了《关于实施国家示范性高等职业院校建设计划加快高等职业教育改革与发展的意见》《高等职业教育创新发展行动计划（2015—2018 年）》《国家职业教育改革实施方案》《关于实施中国特色高水平高职学校和专业建设计划的意见》等一系列重磅职教政策。各省份教育行政部门也以此推出示范校、骨干校、一流校、高水平院校、卓越校、优质校等综合性院校建设项目。以国家示范性高职院校建设为例，中央财政资金及带动的地方与行业投入，共计 160 多亿元，支持了 200 所国家示范性（骨干）高等职业院校重点建设 788 个专业点。中央财政又继续投入，支持 715 所高职院校建设 910 个实训基地，带动一体化教学模式改革，建设覆盖 19 个高职专业大类的职业教育专业教学资源库等。截至 2015 年，所有省份建立起高职生均经费制度，高职院校在校生数 1048 万人，占到高等教育的 41.2%。① 可以说，强校工程极大地提升了高等职业教育的培养质量，高职教育获得快速发展，更加适应产业需求，社会影响力也相应提高。

尽管各省份各类强校工程建设如火如荼，然而理论研究却滞后于管理实践。本节拟深入考察高职院校应对"强校工程"的实际运作机制，总结其行为策略和特点，鉴别影响建设成效的主要因素。一方面，从教育治理的视角观察"强校工程"的实施与影响，提供了区别于就院校建设内容谈院校建设的解读；另一方面，通过梳理院校的实际运作特点及运行逻辑为实践提供指导建议。本节所指的"强校工程"，即上述旨在促进高职院校办学能力提升的作为教育公共品的大型建设项目，这类项目逐渐成为推动职教改革、加速院校发展的重要政策手段，而由此发展出的项目发布、申报、建设、验收等各环节的要求与标准等形成了一种重要的职业教育治理机制，深刻地影响了高职院校的发展思路与建设行为。

---

① 资料来源：高职教育已成高等教育半壁江山［N/OL］.［2016-06-29］. 中国教育报，http：//www. moe. gov. cn/jyb_ xwfb/s5147/201606/t20160629_ 270038. html.

二、已有研究述评

高职院校的建设项目研究进路相对单一，主要是针对性地从宏观、微观等层面提出高职院校发展方向与重点建设领域的具体对策建议。研究指出，"内外结合、重点发展、整体提高、建立机制、构建体系"是示范校建设下一阶段的重要策略，[1] "后示范"时期，高职院校应重点做好专业品牌建设工程、卓越团队建设工程、校企合作推进工程和社会服务能力提升工程[2]；应将课程改革作为骨干校建设的切入点，将体制机制创新作为建设重点[3]；地方层面必须明确"主攻方向"，尤其要在校企协同育人的体制机制创新等方面突破瓶颈与障碍[4]；周建松的研究综合性地围绕办学定位、产教融合、高水平专业建设等 10 个方面阐述了优质高职院校建设重点与路径。[5] 上述研究并不涉及院校推进项目的管理机制设计与行动策略。

本节从"项目治教"的制度逻辑出发，梳理了"项目制"的相关文献。随着政府治理从"总体支配"向"技术治理"的转变，行政事务处理的专项化与项目化特征日渐鲜明。[6] 社会学者提出"项目治国"的概念，用以指称这种兼具财政分配方式与公共管理手段双重意蕴的国家治理模式。"项目治国"，即上级政府，包括各具体职能部门，将"项目"作为惯常的指挥、动员、调度工具，驱动下级政府、下级部门以项目为载体实现上级政府特定的政策目标。当然，为了实现目标，下级政府围绕上级发布的项目，其行为也相应发生了变化。正如研究所指出的，以项目制为核心的财政转移支付和涉农项目不仅重构了各级政府之间的科层制关系，还重塑了基层政权组织行为以及农民与政府之间的关系。[7][8] 不仅是涉农领域，公共领域的工程建设、"三农"问题、脱贫攻坚、各类公共文化服务等，为促进某一地方或某一领域的工作进展，政府都会运用"项目"并配套专项资金以高效率地推动政策实施，实现治理目标。简言之，项目制已日益深入地嵌入整个国家的治理结构中。

"项目治教"脱胎而出，基础教育"中小学教师国家级培训计划"、高等教育"211 工程"、职业教育"县级职教中心国家建设规划"等一系列重大政策，普遍采取以专项资金支持、以项目方式运作的模式。[9] 教育领域的项目制治理同样深刻地影响了教育行政部门及具体院校的运作逻辑和行为模式。有研究指出，基础教育领域，由于专项资金使用严格而且繁复的申请和批复手续，导致学校管理上的时间延误，浪费现象严重，由于乡政府对各学校的情况比较了解，相关负责人员清楚各项开支的轻重缓急，寻租盛行，教育资源分配严重不均。[8] 在普通高等教育领域，有研究认为项目制使政府与高校之间构建起以项目为载体的新型契约关系，体现出了"政府高校"的扁平化科层治理、以学科建设为导向的目标管理、竞争性的非均衡战略以及封闭性的资金资源配置等特征[10]。高等教育项目制作为庞大项目体制中的重要成员已构成现今高等教育宏观治理的重要制度安排[11]。项目制作为一种技术化、专业化的社会治理手段已广泛渗透大学事务管理中。[12] 研究同时指出，在此过程中，项目遭遇高等学校和教师的解构与再组织、高等教育市场的"项目化"、高等教育整体性肢解与碎片化等内外部治理风险[13]。目前，高等教育项目制研究仍停留在宏观的大学治理理念的冲突上，未能从微观角度深入具体分析高等教育项目制运行机制及府学博弈关系[10]。还有研究认为，"项目治教"破坏了大学组织的学术生态与平衡，产生了技术理性对价值理性的僭越。[14] 也就是说，项目制作为一种"技术性管理手段"，与既有的行政科层体制发生碰撞产生政府内部治理问题，进而影响项目实施效果。

那么，在高等职业教育领域高职院校的建设项目运作中，行动策略与行为逻辑又是怎样的？项目制对职业院校建设行为产生了怎样的影响？由于涉及组织行为，本节使用了组织战略、组织结构与组织策略等分析概念，对高职院校强校工程的建设行为进行多维度解析。

三、"项目制"下高职院校的运作过程及特点

（一）组织战略：启动"运动式接包"

2006 年，教育部、财政部启动国家示范性高职院校建设计划。自此，一系列加快发展现代职业教育、支持职业教育建设的政策文件、行动计划相继出台，高等职业教育日益受到重视，高职院校的建设发展也日新月异（见表 3-1）。

表 3-1　国家级高等职业教育大型建设项目情况

时间	项目名称	政策导向	政策文件	立项数量（所）
2006 年 11 月	国家示范性高等职业院校建设计划	使示范院校在办学实力、教学质量、管理水平、办学效益和辐射能力等方面有较大提高	《关于实施国家示范性高等职业院校建设计划加快高等职业教育改革与发展的意见》（教高〔2006〕14 号）	100
2010 年 12 月	国家示范性（骨干）高等职业院校	引导建设院校创新办学体制机制，带动本地区高等职业教育整体水平的提升	《关于进一步推进"国家示范性高等职业院校建设计划"实施工作的通知》	100
2015 年 10 月；2019 年 3 月	优质专科高等职业院校	为贯彻落实《国家职业教育改革实施方案》，推进高等职业教育高质量发展	《高等职业教育创新发展行动计划（2015—2018 年）》（教职成〔2015〕9 号）、《教育部办公厅关于开展〈高等职业教育创新发展行动计划（2015—2018 年）〉项目认定的通知（教职成厅函〔2019〕8 号）》	200

续表

时间	项目名称	政策导向	政策文件	立项数量（所）
2019 年 4 月	中国特色高水平高职学校和专业建设计划（简称"双高计划"）	建设一批引领改革、支撑发展、中国特色、世界水平的高等职业学校和骨干专业（群）	《关于实施中国特色高水平高职学校和专业建设计划的意见》（教职成〔2019〕5 号）	50 所高水平高职学校、150 个高水平专业群

省级层面，以广东省为例，2008 年，广东省启动了省级示范性高等职业院校建设项目，并于 2012 年、2013 年增补了第二批、第三批省示范校立项单位，未待第三批示范校建设完毕，2016 年实施广东省一流高职院校建设计划，省内重点建设 15 所左右全国一流、世界有影响的高职院校；2017 年广东省教育厅印发高等职业教育"创新强校工程"（2016—2020 年）实施方案。从国家到基层，职教行政部门通过政策文件、行政指令，依托大型综合性建设项目表达政策导向并推进政策实施。国家"发包"给地方，地方"发包"给投标院校，层层"发包"，各高职院校应接不暇，忙于"接包"。所谓"行政发包"，是一种区别于纯粹的科层制与外包制的中间形态，指政府内部上下级之间的发包关系，是在行政组织边界内的"内部发包"。[15]

这个过程体现了以下特点：一是非计划性。如同一类项目，省级示范性的第一批至第三批的立项申请或间隔四年或间隔一年，并无规律可循。另外，无论是国家层面的示范校、骨干校、新近推出的"双高计划"，还是省级层面的各类强校工程，尽管都属于综合性的院校建设项目，但前后并没有必然的联系，也没有显而易见的延续性。二是行政驱动。高职院校大型建设项目的"发包"与"接包"过程，带有明显的政府驱动特征。从申请、分配到监管与评估验收，自上而下有组织、有目的，以发文、会议、行政指令等方式开展，在高职教育的行政体系内部完成。三是竞争性。尽管申报过程均通过行政层级体系完成，但是否立项并非行政安排，需要经过自由申报、公开答辩、专家评审、绩效评估等竞争性方式完成。也就是说，高职院校建设项目的遴选与分配，基于择优逻辑，而非扶持弱势院校，选择的是竞争基础上的非均衡发展策略。

以上特点促成了高职院校的"运动式接包"行为。首先，区别于科层的常规管理，"项目治教"显示了科层制运作中无规律的周期性，这种在任务完成和资源配置上打破常规的运作被称作"运动式治理"。项目"发包"的不可预测性与非延续性同样引发了各高职院校的"运动式接包"行为。"运动"一词，一来意指"接包"的高动员性和时效性，二来也体现了项目关系全校发展建设的全局性和重要性。各高职院校"接包"时竭尽所能，力争上游。其次，从某种意义上讲，公立院校就是教育行政系统的延伸，它参照公务系统管理，处于这个科层体系的末端。在"接包"时，公立院校体现了很强的行政配置属性，以行政权力调动全校力量，以层级化的指令安排申报工作，以行政方式集结资源。最后，由于资源有限，竞争异常激烈，各种非正式竞争手段比比皆是。"严格和繁复的官僚规则与大量的变通、串谋和违规行为并立"[15]，正式与非正式手段在院校的"接包"过程中看似矛盾但又高度结合。

（二）组织结构：建立"任务型"机构

面对"那些一次性出现的、不具有重复性的任务，除了具有形式上的紧迫性之外，在内容和性质上，都是全新的"[16] 组织任务，构建任务型机构成为组织完成任务的重要手段。

1. 机构重构

综合性项目申报与建设并非组织的常规工作，不能倚靠某一个职能部门，或组织临时团队，或成立协调性结构。

当运动式治理逻辑下的项目"发包"变得日益频繁，以更常态的方式出现在高职院校的任务清单中时，许多院校设立"示范办""创新强校工程办公室"等专项机构。应把项目的治理结构纳入科层组织体系，形成了区别于"党委—部门—院系学科组织"的新的治理结构。在主管校领导的直接指挥下，任务型机构负责项目建设相关的决策与运作（见图3-1）。

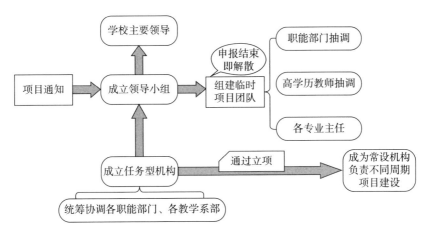

图3-1　"强校工程"项目治理流程

2.规则重组

大型项目申报都被列为"一把手"工程，意味着任务型机构代表学校高层意见。同时，任务型机构掌握大型项目立项后各类子项目的审核分配权限，围绕任务型机构逐渐形成了学校新的行政权力中心。在实际工作中，任务型机构发挥了对各职能部门与教学部门的引领和统筹作用。尽管院校建设工程的各类任务均有与其相匹配的常规职能部门负责和具体教学系部实施，但为了"集中力量办大事"，科层组织充分发挥其组织重构能力，实现了"临时性工作"向"常规工作"继而向"中心工作"的转变。与此同时，关键职能部门的作用被弱化，教学系部的自主权也大大受限，这一局面进一步加剧了学校的行政化倾向。

（三）组织策略：阶段性包装

项目本身的阶段性和动态性与科层组织的政绩导向相结合，使高职院校在项目申报和实施建设的各个阶段充分体现了阶段性应对、变通性操作的特点（见表3-2）。

表3-2　阶段性应对的操作策略

操作策略	操作事例
重申报轻建设	申报时期，充分动员，集结资源优化材料，建设过程并不扎实，主抓重要时间节点，如申报、中期检查与验收
重形式轻实质	斥巨资聘咨询公司包装完善；考核指标要求的制度文本突击炮制，制度文本与实际执行分离；夸大办学条件和专业基础；优化美化校园环境；聘请专家团队演练验收过程
制造数据	突击花钱，年末集中组织培训，选择短平快项目，重金聘请专业公司制作微课参赛；夸大就业率数据
变通应对	以课题、职称评聘优势条件鼓励教师参与项目；行政人员计入专业教师凑师资；外聘专家作带头人

　　作为科层制下实行市场化运作的一种方式，项目制以其专业化、技术化、标准化被视为现代教育治理的技术治理手段。为了显示项目竞争的公平，提高项目资源分配的合法性，项目的申报条件及考核指标都极尽可能地系统、精细、标准、可测量。数字上的达标被院校视为硬指标，为满足数据指标，成功申报或顺利验收，院校的变通应对难以规避。

四、项目制对高职教育的影响：反思项目治教的负效应

　　项目资金对获立项院校的强势支持加速了高职院校的专业发展，项目制的实施提升了高职院校的办学能力，也成就了不少优质高职院校。然而，在带动高职教育发展的同时，也产生了一些非预期效应。上述运作特点的呈现，并非实施强校工程政策本身的意图，当项目制

的事本逻辑遭遇科层制的政绩逻辑时，难免产生组织运作的一些矛盾冲突。

（一）行为选择短期化与职教发展长期化的矛盾

管理学意义上的项目，本身就是针对一个特定任务或者目标去组织、计划和控制资源的一个过程。项目制具有临时性、一次性等运动式治理特点，但却日益常态地用在职业教育治理之中，"发包"的频次增多，而项目与项目之间并不具有必然的内在关联。同时，在"职责同构"的科层体系内，不仅有全国范围内的发包，还有省级甚至市级的各种建设项目"发包"，各级教育行政部门都旨在用项目打造亮点工程，发挥项目的强大动员能力，迅速取得教育治理成效。而对多频多次且并不延续性的建设项目"发包"，作为"接包"方的院校通常在行为选择上体现了短期化、突击性的特点。

其一，重项目轻常规。实际上，"接包"院校管理者的资源、财力及人力也是有限的，经过理性的分析计算，院校主体通常会把有限的资源集中在最关键的环节与最关键的节点。这时候，项目申报成为学校工作的重中之重，通常会举全校之力尽形式之美研究文件撰写材料。而这之间，很难不存在夸大学校办学条件，动用各种关系接近邀请专家评审等各类增加建设项目资格准入性的行为。也就是说，院校在申报上所花费的精力和资源往往比后期建设集中得多。

其二，应付式突击执行。由于项目的建设具有明确的周期性，院校通常并不会急于将项目的各项建设要求一一融入日常的教学教务管理中，而是在中期检查、验收等重要时间节点之前突击准备，集中攻关。于是一年的建设任务很可能浓缩在短短的一两个月的迎检时间内完成。由于项目管理程序繁复，项目经费的支出效率也并不高，"突击花钱"的迎检比比皆是。既有为满足年均教师培训经费数额而大批量集中开展培训的现象，也有聘请专业团队整理迎检材料，聘请专业技术人员为教师个人的微课赛制作课件等本末倒置的安排。

显然，院校并没有通过项目建设构建长期的可延续的院校建设目标，而是作为一种附加的阶段性任务来选择任务完成策略。然而，高职教育的改革与完善并非一蹴而就，对于发展水平较低的院校来说更是具有长期的艰巨性。在三四年的短暂建设周期内，尽管立项院校可能在办学体制机制创新、校企合作制度建设、重点专业建设尤其是教学实验实训等硬件上有了迅速改观，做了大量探索，但院校建设项目的初衷仍然是提高人才培养质量，而项目任务的完成其真正的检验标准也应该只有一条，即对人才培养质量提升的支撑作用。院校应对型的行为选择，呈现了一种运动式的治理特征。而院校的教育教学理念、人才培养模式创新、教学能力、社会服务等各方面的提升，没有长期攻坚的决心、长期一致的目标、长期悉心的培育是无法达成的。

（二）治理手段与建设目标之争

首先，追求效率还是教育普惠？项目制被认为是一种更有效率的资源配置方式，在择优逻辑下对竞争性资源进行分配的机制。也就是说，基础条件好、办学水平高的优势学校更容易获得立项，获得项目资源支持，强者恒强。无论对发包方还是接包方而言，择优逻辑都是更容易出成绩的选择。然而，以优势带动弱势，以点带面示范引领的政策意图却难以实现。一方面，项目治教显然是一种投入式拉动，优势学校不断获得资金，在初始阶段得到迅速发展，然而越往后资金投入拉动发展的边际效应越发减少，效率也越低。如强势专业在获得叠加的支持资金时，甚至为了把资金花出去而编列支出项目，弱势专业则"嗷嗷待哺"。同时，资源的有限性、稀缺性也根本无法实现经验做法的铺开推广，这又与教育的普惠性原则相悖。另一方面，项目制不仅给学校带来资金支持还有强校声誉，在项目的双重利诱下，无论是申报还是迎检，都可以刺激院校采取夸大或造假的项目竞争行为。

其次，目标导向还是内涵建设？项目运作需要经过申报、评审、检查、验收、鉴定等复杂的程序，每个项目都有明确的验收目标和考核标准，院校要统计核算各类数据，提供填报完整、环环相扣、内容繁复的诸多表格。体现理性精神的技术治理手段——项目制，正是以其程序要求的标准化、目标任务的明确化、考核指标的量化特点彰显其科学性、公正性。然而，目标导向、量化崇拜也并非放之天下皆准。比如，考核指标对学校管理有创新性、体制机制改革等的要求，然而改革与创新并非一日之功，于是立项院校在极短时间内炮制成系列的大量制度文件应对考核；对毕业生就业率的量化指标衍生出相应的数据夸大或虚报；对重点专业毕业生初始薪资的逐年递增更被院校所诟病，其行政决定市场的逻辑也导致院校的编材料做数据行为。

效率至上的"事本主义"逻辑主导了院校的应付指标的建设行为，使内涵建设的过程性与长期性被搁置，办学能力、专业建设未能与项目建设周期获得相匹配的提升与发展。而标准化的考核也像一根有力的指挥棒，主导了各院校建设发展的方向，各院校日益趋同，模式化、同质化建设导致办学特色缺失。更进一步地，教育活动需要更多的情感熏陶、人文关怀，"项目治教"对此未必恰适。教育活动不仅仅是一个由数字与表格组成的行政任务，它更肩负着从根本上改善大学的生态环境、释放大学的活力和创造性的使命。当一种管理手段演变成所追求的目标，教育也就失去了其本真的意义与价值。

（三）强化行政权力还是倚重学术权力

如前文所述，项目制的实施在院校之中通过重建机构、重组规则的行政方式完成，即因项目产生的治理结构与院校常规的治理结构互嵌，甚至功能重叠。一方面，新增了专项机构及其人员，行政体系扩张；另一方面，在专项机构的指挥下，打乱了常规机构的管理节奏，造成权力职责上的重新区分与协调，反而降低了管理效率。因为院校对建设资源的依附性，大型建设项目的专项机构作为学校的"一把手"工程，拥有最优势的资源，能获得最高层级的授权。专项机构在"项目权力"的加持下，"与原有行政机构'结盟'，进一步强化了行政权力，更有力地排斥学术委员等代表学术权力的组织机构，学术权力更加边缘化"[10]。我们知道，学术委员会是教授行使学术权力的主要组织形式，严格意义来说是高职院校治理结构的重要组成部分。由于职教领域科研教研的弱势，学术委员会徒留空架，校级的项目立项的话语权且不如行政领导，更遑论审议学科、专业发展等事关院校发展建设的重大决策。高职院校学术委员会的定位与职能，值得进一步思考。

五、讨论与结论

"项目制"的初衷是实现治理的现代化、合理化、专业化、技术化，其核心在于上级政府用专项奖补资金及项目发包机制调动下级政府或下级单位等接包者的积极性，激励接包者之间产生竞争，促进上下级之间的互动。相应地，围绕项目制的运作，行政系统也逐步发展出包括项目申请、批复、实施、考核和审计等环节在内的一系列制度标准，这些都与源自韦伯提出的"合理化"（"理性化"）理想类型理论相符。然而，通过上述讨论我们也发现，实践中的"项目治教"并非如此理想。在一些基本的现存体制性因素下，项目制发展出的运作标准与程序，影响到相应行为主体的决策方式与行动策略。

大型强校工程意旨宏大，要引领教育的发展改革，包含了学校体制机制改革、管理能力提升、教师队伍建设等学校发展方方面面的指标，"事本主义"逻辑下的项目制是否能担当这样的综合性、系统性任务，是否应回归项目的"专项性"值得思索。本节研究指出了在科层逻辑下，教育行政部门求快求新的政绩冲动产生了多频多维的"发包"行为，说明了项目制的竞争性、资源聚集性与量化崇拜等技术性治理手段特点，描述了院校在项目申请至验收过程中的"运动式接包""行政化运作""阶段性应对"等行为选择，最后对院校的一些行动策略及其产生的负效应进行了分析。而结论则是，项目制在高职教育领域的运用，促进了高职院校的加速发展，但也产生了忽视教育的长期性、过程性、普惠性等负效应。

从教育治理政策意旨的角度而言，教育行政部门在角色上应该转变为教育均衡的促进者、院校发展的帮助者。一方面，权衡综合性项目与专项项目的数量、资金投入与建设周期，应考虑增加一般性教育支出，降低院校对项目的依赖性。另一方面，在项目管理方面不断优化改善，更加重视对建设过程的监管，应考虑多样化的过程监控，重视验收环节的第三方评估。尤其是，应建立与此相匹配的立项院校能上能下的动态管理机制。更进一步地，可考虑将申报立项与验收奖补环节外包给专业性、权威性评估机构管理分配。而院校主体则要根据学校自身条件，打造特色，建立长远目标，并根据学校自己的办学目标扎扎实实做好内涵建设，才能真正促进人才培养质量与办学能力的提升。

参考文献

［1］李斯杰．示范校建设后高职院校建设发展策略的思考［J］.中国高教研究，2010（11）：76-78.

［2］邓志良，赵佩华．"后示范"时期高职院校建设与发展之思考［J］.教育与职业，2014（9）：25-26.

［3］闫宁，徐彦平．课程切入与体制机制创新贯穿：国家骨干高职院校建设逻辑［J］.职教论坛，2012（6）：27-30.

［4］吴访升，陈向平．江苏一流高职院校建设的推进战略及相关思考［J］.江苏高教，2017（4）：102-104.

［5］周建松．优质高职院校建设重点与路径研究——基于示范性高职院校建设计划到创新发展行动计划演进的视角［J］.职教论坛，2017（12）：5-11.

［6］渠敬东．项目制：一种新的国家治理体制［J］.中国社会科学，2012（5）：113-130，207.

［7］折晓叶，陈婴婴．项目制的分级运作机制和治理逻辑——对"项目进村"案例的社会学分析［J］.中国社会科学，2001（4）：126-148，223.

［8］周飞舟．财政资金的专项化及其问题——兼论"项目治国"［J］．社会，2012（1）：1-37．

［9］肖凤翔，于晨，肖艳婷．国家高职教育项目制治理的生成动因、效用限度及优化策略——以"国家示范性高等职业院校建设计划"为例［J］．教育发展研究，2016（Z1）：64-70．

［10］胡敏．高等教育项目制的府学博弈与治理——以 G 省高水平大学建设项目为例［J］．教育发展研究，2018（19）：42-49．

［11］熊进．高等教育项目制的组织阐释与大学学术场域变迁［J］．高教探索，2019（4）：23-29．

［12］李福华．从单位制到项目制：我国高等教育重点建设的战略转型［J］．高等教育研究，2014（2）：33-40．

［13］熊进．高等教育治理的"项目制"及其可能风险［J］．教育发展研究，2016（Z1）：56-63．

［14］殷文杰．"项目治教"：大学治理中技术理性对价值理性的僭越［J］．高等教育研究，2016（9）：31-37．

［15］周黎安．行政发包制［J］．社会，2014（6）：1-38．

［16］张康之，李圣鑫．组织分类以及任务型组织的研究［J］．河南社会科学，2007（1）：123-126．

"项目治教"下的高职 院校建设之三：非预期效应[①]

内容提要　大型综合性建设项目已然成为国家到地方推行教育政策的重要方式，高职教育治理的"项目制"特征显现。"项目制"的目标导向与科层制的规则导向，项目的临时性与科层业务的常态性，"项目制"的事本导向与科层组织的政绩导向，使得高职教育治理在运作逻辑上充满张力，相互制约。"项目制"内在的竞争性、激励性、广泛动员性和临时性提高了立项院校的行政效率和内部治理的灵活性，但项目制遵循的"择优"逻辑，对量化考核的依赖及标准化特征又产生了立项院校优势专业固化、建设目标异化等负效应。项目治理与常规治理相结合，回归建设项目的专项性，加强过程控制等优化策略或可规避高职教育项目制治理的非预期效应。

一、研究背景

党的十九大勾勒了国家治理体系和治理能力现代化的建设蓝图，党的十九届四中全会通过了《中共中央关于坚持和完善中国特色社会主义制度、推进国家治理体系和治理能力现代化若干重大问题的决

① 本节主要内容曾以"高职教育'项目制'治理的非预期效应及其优化策略"为题发表于《广东技术师范大学学报》2020 年第 5 期。

定》，推进国家治理体系和治理能力现代化不仅是重大的政治任务，也成为当前社会科学研究者的重要研究议题。我们知道，国家治理就是包括政府在内的多元治理主体对社会公共事务的治理，事关亿万家庭是为国之在计、党之大计的教育治理，是国家治理的重要组成部分。高等职业教育作为高等教育的重要组成部分和职业教育的高端层级，近几年日益受到重视。国家出台了一系列加快发展现代职业教育、支持职业教育建设的重磅政策。2014 年国务院出台《关于加快发展现代职业教育的决定》，2019 年又出台《国家职业教育改革实施方案》，各种职业教育集团化办学、现代学徒制试点、"1+X" 证书制度试点等指导意见纷至沓来。在落实各项政策文件，推进职业教育发展的进程中，旨在提升高职院校办学质量的大型建设项目扮演了重要角色。

2006 年，教育部、财政部启动国家示范性高职院校的项目申报及立项工作，并于 2008～2010 年分三批完成了 100 所立项院校建设及项目验收评审。2010 年，教育部、财政部决定继续推进该政策，新增 100 所骨干高职建设院校及相关重点建设专业，并于 2015 年底完成了最后一批骨干高职院校建设项目的验收工作。此后，以国家层面的高职示范校项目为参照，省级政府陆续出台省级建设项目，如省级示范（骨干）校建设项目，一流校、优质高职院校、创新强校工程建设项目等，包括 2019 年最新出台的中国特色高水平高职学校和专业建设计划（以下简称"双高计划"）项目。强校工程（作为一种教育公共品的大型建设项目）的建设如火如荼，高职教育治理的项目制特征亦逐渐显现。不可否认，项目制已经成为国家到地方教育政策推行实施的重要方式。

二、文献简述：教育治理与项目制

通过对教育治理研究文献的梳理发现，近几年教育治理的文章剧增，国家治理研究中的分析概念、经典范式被日益普遍地运用到教育领域。一方面，教育治理的确是公共管理学者、教育学者的交叉领域，学科的融合与跨界研究形成了这一趋势；另一方面，教育治理是国家治理的缩影，对教育治理机制的探讨实际上是国家治理机制的具象化。教育治理所处的治理情境、面临的困境问题，都可以在国家治理的大框架中进行讨论，如政府与市场、科层机制与项目管理、资源配置中效率与公平的紧张关系等。项目制、技术治理、行政发包、政绩竞争等概念，开始在教育领域的文献中频频出现。

所谓"项目制"，社会学家周雪光通过对已有文献的梳理，将其定义为"项目制是指政府运作的一种特定形式，即在财政体制的常规分配渠道和规模之外，按照中央政府意图，自上而下以专项化资金方式进行资源配置的制度安排"[1]。渠敬东认为，这种以项目制为核心确立起的新的国家治理体制，旨在突破以单位制为代表的原有科层体制的束缚，以此加大民生工程和公共服务的有效投入，是一种中央与地方政府之间的分级治理机制。[2] 越来越多的研究显示，这种治理机制不仅体现为财政领域的资源分配，更成为了一种自上而下促进政策实施、进行工作部署的方式手段。实际上，项目制已经深入包括教育领域、脱贫攻坚、乡村振兴、基层社会治理、环保等在内的国家治理各个领域。

作为打破常规组织结构的一种制度安排，项目制内在的竞争性、激励性、广泛动员、开放性和临时性等特征在提高行政效率、推动工作进展上被寄予厚望。周飞舟通过一个义务教育的案例呈现了财政资金用"专项"和"项目"的方式向下分配的场景，然而，研究发现这种方式并非像上级部门预想的那样有效率，其所引起的基层集体债务、部门利益化以及体制的系统风险，对于可持续的社会发展将产生重要影响。[3] 毕竟，项目制作为一种新型的治理模式，既影响和塑造了稳定的制度安排，又诱发了各层次上相应的政府行为。如下级部门指出上级部门利用项目制争取下级部门的行政资源（注意力），从而诱发了基层政府的应对策略（资源、人事、注意力诸方面），而这种应对策略往往又会导致意外后果。[1]

在高等教育领域，最为引人瞩目的"211 工程""985 工程"就具有"项目制"的特征，我国高等教育正经历从单位制向项目制的重点建设的战略转型，随着分税制的推进，项目制已在高等教育治理领域逐步强化和固化。[4] 政府与高校之间构建起以项目为载体的新型契约关系，呈现出服务于国家发展战略以学科建设为导向的目标管理、竞争性的非均衡战略以及封闭性的资金资源配置等特征。[5] 项目制通过专款划拨和项目配给的方式"向下"分配，是技术理性在大学治理中的重要表现，可以有效地整合资源，有利于教育管理规范化、标准化、专业化。然而，尽管"项目治教"在激发大学办学活力、提升竞争意识、改善基础建设等方面具有重要作用，但也存在明显的局限性。[6] 对高等教育质量保障的研究显示，以频繁的指令性要求为驱动力量，以繁杂的质量保障项目为载体的质量保障方式，"头痛医头，脚痛医脚"，治理碎片化。[7] "项目治教"的过程中还产生了权力的"寻租设租"与项目建设的"马太效应"。[8] 项目制式的高等教育治理可能会导致项目遭遇高等学校和教师的解构与再组织、高等教育整体性肢解与碎片化等高等教育内外部治理的多重风险。[9]

那么，在高职教育领域，"项目制"的实施是否实现了资源的优化配置？或是如上述研究所言，产生了诸多负效应？高职教育对于大型建设项目的讨论，多基于具体的高职院校建设，就建设内容谈建设，重在从宏观、微观不同层面提出高职院校发展方向与建设领域的具体对策。而组织社会学的视角则关注组织的行为逻辑与运作过程，对高职院校大型建设项目的讨论是研究项目制的另一个重要场域，观察教育行政主体治理行为，分析建设院校的应对策略是认识教育治理运作过程的一个新维度。

三、"项目制"下高职院校的行动策略

折晓叶和陈婴婴对项目制的运作过程做了系统的概括，即上级政府（如中央政府）通过项目制来"发包"诱使地方政府落实政策，地方政府（如省区市）整合各种资源"打包"，基层政府"抓包"。[10] 下文将套用并简化这个政府分级治理、分级运作的行为模型，将省级教育行政部门看作"发包方"，辖区内的各高职院校看作"接包方"，结合具体高职院校的接包实践对其行动策略进行分析。

（一）策略一："申报"优先

在国家加速发展职业教育的背景下，B省陆续出台大型高职院校建设项目，将职业教育改革发展举措全方位"打包"到项目的"篮子"。不过，承载了资金支持的建设项目并不采取普惠性质的"发包"形式，而是遵循强者越强的择优逻辑，极具竞争性，"接包"院校坚持申报、踊跃申报。有十几年建校历史的公立高职院校H校，近几年先后参与申报B省示范校、一流校的建设项目，经历了完整的示范校申报、建设、迎检全过程，也体验过一流校的申报未果。由于立项及其隐含的院校层级和排名是对一所学校办学实力的认证，不仅是行政力量的驱动，更是声誉和资源的竞争途径，各高职院校无一例外地参与到大型建设项目的竞争中。H校的申报原则是凡项目必申报，凡自报等级均高报一级，而申报未果，则大多归咎于规范未打造好申报书。忽略自身建设条件，倾力打造一份足够"亮眼"的申报书成为申报阶段的重点。实际上，立项院校获得的建设资金，往往并不能覆盖申报书中全面理想的建设计划，按实际情况统筹使用改变支出结构成为常态，大部分子项目流于纸面、"胎死腹中"。

（二）策略二：重构变通聚资源

项目申报一旦启动，学校便会成立项目工作领导小组及配套的专项工作办公室。H校先后成立"示范校"（"示范办"）、"创新强校"（"创强办"）工作领导小组，"两办"从机构设置上均为领导小组指导管理，不需要经由对应的业务部门向上汇报，而是直接向校领导负责。作为一种区别于常规治理的专项治理手段，领导小组常被用于跨部门的协调统筹。[11] 领导小组与专门机构的设置打破了常态化的职能分工与层级规制，极大促进了学校资源的聚集。在直达高层的统筹机构指挥下，往往能迅速集结人力、物力、财力。申报阶段遴选精干人员，引进高层次人才闭关撰写，邀请知名专家指导，集全校之力打造申报书，一改常规工作程序烦琐、效率低下的问题。灵活采用优先获批校级课题、职称评审中的倾向性条款激励老师们参与大型项目的申报与建设。由于掌握子项目的决定权与资源配置权，任务型机构成为凌驾于各教学部门的新的权力中心，教务处、人事处等职能部门职权弱化，各二级学院等教学部门话语权减弱。当项目申报越来越常态化，下辖的任务型机构（示范办、创强办），通过合署办公、工作任务转换等方式逐渐演变成常设机构。

（三）策略三：目标转换谋速效

为解决委托—代理之间的信息不对称问题，作为"发包方"的教育行政部门与作为依靠精细化的指标对作为"接包方"的高职院校进行基于量化目标的验收评估，如教学设施设备、师资人数、年度培训经费、就业率等。于是，"为了培训而培训"突击花钱，由专业公司制作课件争取教师信息化能力相关的奖项、夸大就业率等建设手段变建设目标的应对策略应运而生。在迎检的特殊时期，行政体系会超常规运作，不论是学科带头人、"双师型"教师或是设备仪器实训条件，均在全校范围内腾挪置换，整合优化材料。制度文本加速炮制，高层动员，专家指导，包装演练，均为确保验收顺利。抓学校内涵建设的项目成为与常规工作割裂的特别任务。

（四）策略四：模仿借鉴作决策

模仿和学习减轻了组织的动荡，因为它扎根在制度环境里，得到了合法性，不容易受到环境的冲击。项目制的择优逻辑暗含以点带面、以先进推动落后的意思，在推进项目建设的各个环节，模仿和借鉴成为最主要的决策手段。最重要的是，当集体决策意见不统一、时间又紧迫时，这种趋同机制的合法性往往被借用为加速决策落地或为已有决策提供权威的有效工具。申报如何进行、项目如何推动、怎样通过验收，立项院校所处的大环境相同，应对的任务相似，标杆院校的做法就成为后发院校学习和借鉴的来源。模仿同领域中成功组织的行为和做法，不仅减少了行为结果的不确定性，也获得了采取某项行为和做法的合法性，加速了决策的确定与落实。

四、"项目制"下高职院校建设的非预期效应

毋庸讳言，呈现运动式治理特点的项目制，促使院校有效地集结了资源，极大地推动了学校内涵建设的进程。H校在获得专项建设资金的同时，也凭借立项院校的殊荣争取到各渠道建设资源，加速了教学场地建设，加大了硬件设施投入。H校职业技能大赛等标志性成果逐年递增，校园环境也发生了翻天覆地的变化。不过，项目制的目标导向与科层制的规则导向，项目的临时性与科层业务的常态性，以及项目制的事本导向与科层组织的政绩导向，在运作逻辑上充满张力，相互制约，产生了一些非预期效应。

（一）优势专业与优势院校固化

项目制的初衷是运用市场化的竞争机制达到资源的优化配置。在实际操作中，因项目资金遵循的择优逻辑，使强势专业获得不同项目的机会远大于弱势专业，项目叠加、资金叠加，与优势专业想办法花钱并行的是弱势专业的经费匮乏。整体层面上，对2005年、2010年和2015年全国高职院校数据的分析显示，上下两端的院校在学生规模和经费收入方面的差距逐步拉大，高职院校获得的央财项目个数与院校的学生规模、经费收入和学生就业产出存在显著的正向相关关系。[12] 简言之，项目制下强者恒强。国家、省区市的项目在一定程

度上集中于先发院校、优势院校，这一现象一方面强化了高职院校之间、院校的各专业之间的层级分化，也进一步助推了院校申报优先、建设在后，重文本轻实质的项目接包异化行为。

（二）院校建设目标异化

在科层组织的政绩逻辑下，要争取排名赛优胜，院校倾向于选择容易出成绩、砸经费就能有效果的短平快项目。建设目标形式化，行为选择短期化成为常见操作。符合资格的师资数量、培训经费、教学建筑面积、教学设施设备等都在更新、提升，而教学管理、资产设备管理水平并未得到同步提升。旨在提高教师信息化能力的微课课程、精品课课程建设，依靠专业的技术公司，教师信息化技术应用能力收效甚微；甚至项目验收材料发包给教育咨询公司打造。以结果为导向、以量化的指标体系为考核依据的项目，在科层组织的运作下，成为一项项数字达标任务。然而，对数字的依赖使项目制下重量化数据的考核机制并不能全方位对建设过程涉及教育教学管理、教学改革、专业提升等软指标进行有效的评估，项目建设背离了教育活动的初衷，指标从过程控制和管理的手段演变成目标。此外，项目制本身的短期性与动态性形成了院校应对的阶段性。2014～2018年，H校先后申报省级示范校、省级一流校、省创新强校工程建设，尽管这三者同是大型的学校建设项目，但都有明确的时间节点，建设项目断断续续的投入，时紧时松的管理，都无法保证建设项目的可持续性。因此，项目任务的真实成效特别是对于人才培养质量的实际支撑作用无法短期得到有效的确证，轰轰烈烈的示范（骨干）校建设背后隐藏着"揠苗助长"的发展隐忧。[13]

（三）高职教育发展同质化

项目的初衷是示范引领，带动其他。正如新制度主义学派的研究所言，组织行为在合法性机制下通过组织间的学习、模仿而趋同。H校在建设过程中，达成共识的是"标杆"的权威性，遇到建设决策时的不同意见时以标杆院校的做法为参照。然而，不同学校对资源需求的结构并不相同，学校的发展历史、管理风格、城市规划都极大地影响着学校的发展方向。后发院校对优势院校做法的借鉴和模仿的确大大提高了决策的效率，减少了试错的成本，但也牺牲了学校发展的特色。而这在很大程度上都源于项目制内在的标准化特质。再者，发包方掌握项目的指标设置及评估权，接包方为获取资源必然选择牺牲特色与自主性。需要说明的是，高职院校不是工厂，教学场地也非生产线，人才培养更应是具开放性和多样化的场景。趋同模式下的学校发展更易陷入"事本逻辑"的陷阱，创新特质和特色校园变得稀有罕见。长此以往，高职教育发展的同质化则不可避免。

(四) 学校内部治理行政化

尽管资源有限，但以行政权力为核心、行政指令为驱动的项目制的确展示了极其强大的动员能力。在资源不足分配不均的条件下，运用科层结构设计与规则调整，将资源配置方式转换为极具支配力的动员机制，推动了高职院校的跨越式发展。不过，与强大动员能力相伴而行的是教学部门自主权力的削弱。院校建设中建立超越常规职能机构的任务型组织，不仅打破了日常运作的节奏和规律，同时形成了新的结构关系。大型项目的周期性出现，也使任务型机构在不断确权与扩权中演化成常设机构，内嵌到原有的科层组织结构中，在形成新的权力中心的同时，进一步加剧了学校行政部门与教学部门的冲突，院校的行政化倾向日趋明显。

五、高职教育治理的优化策略

(一) 建设项目回归专项性

专项性本是项目制聚集资源、优化资源配置的特性，然而，当科层组织的简约治理倾向与项目结合，已然失去"专"的特性。高职院校大型建设项目是一个涵盖院校发展所有领域的"大篮子"，这类强校工程希望通过"打包"各种专项将院校发展的整体任务下放。然而，大型建设项目数目庞大，涉及院校众多，教育行政部门实际无法有效地对过程进行控制和监督。而且，将体制机制改革创新、管理能力提升子项目纳入大型建设项目的框架内：一方面，用文本制度和案例佐证的方式很难验证这类"软"指标的成效；另一方面，在院校求快求高的政绩冲动下，体制机制改革这类目标自然不会放在"专业建设、教学科研成果"等硬指标之前去推进，院校缺乏自我改革的动力。尽管一揽子方案简化了治理手段，但是否应将涉及结构变革利益调整的意旨托付于项目制，值得商榷。对院校建设而言，项目资助是非常重要的经费来源之一，西方国家联邦政府的资助通常用于某一类专项的科研项目。因而，在使用项目部署任务落实政策时，应充分考虑专项性项目与综合性项目的比例，回归项目的专项性，才能切合项目制内在的短期性、专业性、高效性的特点。

（二）项目治理与常规治理相结合

技术治理的功效不可被夸大，项目制并不能完全担当职业教育发展改革的治理重任，应充分考虑项目治理与常规治理的结合。在项目制下，越是需要得到资金支持的院校和专业越缺乏立项和资助的机会，而职业院校的发展在很大程度上依赖卓越的实训条件，对于职业性强的工科专业建设而言，资金重要性更是不言而喻。职业教育领域"项目治教"是否能以点带面，当有质疑。总之，项目制不应是唯一的资源配置途径，政策推进手段，应随着财力的增长，增加一般性转移支付，不可完全取消普适性、非竞争性的扶持项目。当地方对高职教育的重视程度不够，财力支持不足时，通过科层途径进行自上而下的常规项目资金支持，有助于更大范围内地增加高职院校获得建设资源的机会，缩小高职教育发展的地区差异。

（三）优化考核机制，加强过程控制

从国家治理的角度而言，改革开放后国家治理从"总体性支配"演化到"技术性治理"，技术性治理强调科学、理性，追求效率，并以此获得治理的合法性。国家治理的各个领域，越来越倚重"专家"、管理技术、管理手段，"技术"和"标准"成为解决一切问题的不二法门。精细的量化指标、繁复的数据表格，将项目制对技术理性的推崇显露无遗。其一，对目标的量化考核并不能完全克服委托—代理关系的信息不对称，即"发包方"无法准确及时地掌握建设过程的实际情况，甚至文本、报表、佐证还为各种包装作秀提供了空间。其二，量化指标无法衡量学校管理水平提升与体制机制改革等软任务，某些指标的设置本身就值得推敲。当公共服务供给者的角色转变为项目下的竞争者，为了达成数字目标，突击花钱、照搬模仿、非理性执行等变通手段层出不穷，这也给高职院校的建设带来发展的隐忧。因此，要规避院校建设"政绩工程"：一方面，要优化项目的考核指标，灵活运用定性定量相结合的项目评价手段，综合采取评估材料、实地抽检、驻校巡查等多样化的评估方式，提高评估结果的可信度和有效性；另一方面，应加强过程控制，基于阶段性的评估结果适时适地引导，辅以能进能出的动态管理机制，早发现早修正，以实事求是的建设绩效决定资金拨付方向和数量。考虑独立的第三方评估应是一个选项。

（四）组织学习而非照搬模仿

迪马奇奥和鲍威尔认为当环境不确定，各个组织不知道怎么做才是最佳方案时，模仿机制发挥作用，即各个组织模仿同领域中成功组织的行为和做法。的确，后发高职院校学习标杆院校的成熟经验，不仅有助于确立行为合法性，推进建设举措的落实，还可以迅速提升组织竞争力。研究显示，以单循环为主的组织学习以及集中动员式的组织方式能够给予相关组织和成员以很强的激励。不过，作为高职院校

能力生成和组织变革的重要机制，组织学习的效果受到院校领导与组织管理体制、资源获得与激励机制等因素的影响。[14] 过于强调"政绩"，注重宣传效应，谋求速效，会影响学习的深入程度，借鉴模仿留于表面，而纯粹理念文本的照搬，又易陷入机械式学习的陷阱，影响立项院校的自主创新。因此，院校建设不应过分迷信排名靠前的标杆院校做法，而应在管理理念、管理制度、管理机制上结合院校实际，选择性借鉴，借鉴而后创新。

参考文献

[1] 周雪光. 项目制：一个"控制权"理论 [J]. 开放时代，2015（2）：5，82-102.

[2] 渠敬东. 项目制：一种新的国家治理体制 [J]. 中国社会科学，2012（5）：113-130，207.

[3] 周飞舟. 财政资金的专项化及其问题——兼论"项目治国"[J]. 社会，2012（1）：1-37.

[4] 李福华. 从单位制到项目制：我国高等教育重点建设的战略转型 [J]. 高等教育研究，2014（2）：33-40.

[5] 胡敏. 高等教育项目制的府学博弈与治理——以 G 省高水平大学建设项目为例 [J]. 教育发展研究，2018（19）：42-49.

[6] 殷文杰. "项目治教"：大学治理中技术理性对价值理性的僭越 [J]. 高等教育研究，2016（9）：31-37.

[7] 苏永建. 体制化的技术治理与中国高等教育质量保障 [J]. 高等教育研究，2017（3）：10-17.

[8] 张瑞瑞，张浩正. 项目治教的政策考察——以高等教育"质量工程"为例 [J]. 高教探索，2018（6）：26-30，54.

[9] 熊进. 高等教育治理的"项目制"及其可能风险 [J]. 教育发展研究，2016（Z1）：56-63.

[10] 折晓叶，陈婴婴. 项目制的分级运作机制和治理逻辑——对"项目进村"案例的社会学分析 [J]. 中国社会科学，2001（4）：

126-148，223.

　　［11］原超，李妮．地方领导小组的运作逻辑及对政府治理的影响——基于组织激励视角的分析［J］．公共管理学报，2017（1）：27-37，155.

　　［12］王雅静．教育项目制：高职教育的项目治理逻辑［J］．现代教育管理，2020（2）：123-128.

　　［13］肖凤翔，于晨，肖艳婷．国家高职教育项目制治理的生成动因、效用限度及优化策略——以"国家示范性高等职业院校建设计划"为例［J］．教育发展研究，2016（Z1）：64-70.

　　［14］郭建如，周志光．项目制下高职场域的组织学习、能力生成与组织变革［J］．北京大学教育评论，2014（2）：141-164，192.

后　记

2021 年 4 月 12 日至 13 日，全国职业教育大会在北京召开。此次大会是中华人民共和国成立以来党中央、国务院召开的第一次全国职业教育大会，在我国职业教育发展史上具有重要的里程碑意义。大会站在党和国家事业发展全局，科学审视了职业教育的战略地位，充分肯定了职业教育的发展经验与成就贡献，分析并指出了加快发展现代职业教育的历史机遇与实践路径。

当职业教育研究被赋予更多期待时，职业教育学界在跨学科研究上开始各种尝试，公共管理的理论与分析概念出现并运用在职业教育研究领域，并随着实践的发展不断扩大其运用的广度和深度。本书从以下三个方面展开论述：一是就职业教育治理的价值理念、内在逻辑进行规范性研究，指出职业教育治理研究的重要性，并在国家治理现代化的背景下讨论职业教育治理现代化的逻辑、价值理念及发展道路等。二是解析治理相关理念，分析其用于职业教育领域的恰适性，并以此框架构建职业教育各主体之间的关系结构，明确各主体角色定位。三是运用基于公共行政实践形成的分析概念解读职业教育实践，尤其是基于中国地方政府的行政运作形成的解释因果机制的分析概念，如"项目治国"等。用案例比较或单案例深描，解读职业教育研究中行为主体的行动逻辑。简言之，本书既有公共管理学视角下的治理理念思考，也有微观的职业教育案例描述，重点不在于解决实际问题，而是诠释问题背后的因果机制。

尽管本书有的章节比较粗浅，有的议题讨论比较深入，但却是笔者在真实体会与深度观察中用公共管理学的语言讲述职教故事的尝试。回顾这几年的研究经历，从成人教育领域跳到职业教育领域，由公共管理学科转到多学科的跨界融合，最终聚焦于职业教育治理，其初始缘于一种"取巧"，即将博士期间的研究方向沿用到职教领域会更得心应手和便利。直到 2018 年，将地方政府行为研究领域的理念框架和分析概念放在职业教育治理领域，申报教育部课题并得到立项，进而坚定和明确了这样一条跨界和学科融合的研究路径。当然，可以确定的是，融合的方式定然不能仅停留在套用、借用理论的阶段，而应期待从职业教育领域的实践中提炼出的更具普遍意义的理论框架和分析概念。本书创作的过程是回顾和反思的过程，尽管不完美，但研究的方向日益明朗，也发现了很多可以去深思和挖掘的有意思的职业教育治理现象。相信，在职业教育新的历史时期，更多的理念创新、办学特色、改革模式会不断涌现，不仅职业教育实践会"前途广阔、大有可为"，其理论探索、成果提炼也会得到很大发展。研究者在这"洪流"中坚持不懈地挖掘和梳理研究素材，观察和解读职业教育现象，也必会有更大的发现和更多的积累。开创新时代中国特色职业教育发展的新局面，培养更多高素质技术技能人才，需要实践者、研究者、政策制定者共同努力。期待更好的未来！